하나님이 이끄시는 시리즈 ①

하나님이 이끄시는 연애와 결혼

김 지 수 지음

CLC

기독교문서선교회(Christian Literature Center: 약칭 CLC)는 1941년 영국 콜체스터에서 켄 아담스에 의해 시작되었으며 국제 본부는 미국 필라델피아에 있습니다.

국제 CLC는 59개 나라에서 180개의 본부를 두고, 약 650여 명의 선교사들이 이동도서차량 40대를 이용하여 문서 보급에 힘쓰고 있으며 이메일 주문을 통해 130여 국으로 책을 공급하고 있습니다.

한국 CLC는 청교도적 복음주의 신학과 신앙서적을 출판하는 문서선교 기관으로서, 한 영혼이라도 구원되길 소망하면서 주님이 오시는 그날까지 최선을 다할 것입니다.

Dating and Marriage God's Way

Written by
Kim Ji Soo

Korean Edition
Copyright © 2018 by Christian Literature Center
Seoul, Korea

추천사 1

이 혜 성 박사
한국상담대학원대학교 총장

『하나님이 이끄시는 연애와 결혼』은 참 편안한 책입니다.

책의 제목만 보면, 이 책은 원로 목사님이 연애와 결혼을 앞둔 젊은이들에게 들려주는 인생안내서라고 생각하기 쉽습니다. 그러나 이 책의 저자 김지수 박사는 전남대학교에서 전산학 박사학위를 받고, 현재는 인문과 과학 기술을 융합하여 새로운 문화 기술을 선도하는 광주과학기술원 한국문화기술연구소에서 선임연구원으로 재직 중에 있습니다.

저는 이 책을 읽으면서 저자의 깊은 신앙심, 진지한 생활 태도, 배려하고 존중하면서 키워가는 인간관계 등이 제 마음속으로 스며들어오는 듯한 느낌과 감동을 많이 받았습니다.

저자가 밝힌 대로 이 책은 미혼인 형제자매들에게 연애를 어떻게 시작하고 결혼은 왜 해야 하며 결혼을 통해서 무엇을 얻을 수 있으며 어떻게 하나님을 만날 수 있는지를 자신의 경험을 토대로 서술하고 있습니다. 책의 내용은 저자가 자연과학 전공자답게 연애와 결혼의 순서에서부터 결혼 후의 실제 삶, 아이 출산, 그에 따르는 명상, 그리고 추천 교육과 추천 도서에 이르기까지 질서 정연하고 빈틈없게 구성되어 있습니다. 그 각각의 설명은 인문학 전공자가 쓴 글로 착각할 정도로 표현이 섬세하고 감성적이며 따뜻합니다.

또한 저자는 이 책의 내용들이 저자의 경험적 기록이라고 합니다. 저자는 자신도 결혼 전에 믿음 안에서 연애를 어떻게 해야 하는지, 연애 기도는 어떻게 하는지 몰랐었기 때문에, 믿음의 가정을 이룬 선배들이 연애와 결혼에 대한 기록을 남겨두면 결혼에 대한 믿음을 갖지 못하는 그리스도인 형제자매들에게 좋은 본보기가 될 수 있을 것 같아 책을 쓰게 되었다고 합니다.

저는 사람의 일생에서 가장 중요한 과업은 사람과의 "관계"를 보람 있게, 적절하게, 만들어 가는 데에 있다고 생각합니다. 그리고 그 다양한 인간관계에서 가장 핵심적인 관계는 남편과 아내가 이루어 가는 관계라고 믿습니다. 그래서 저는 늘 "남편과 아내는 서로가 서로를 마음 놓고 끝없이 사랑하고 존중하고 아끼고 배려하는 관계여야 한다"고 주장하고 있습니다. 여기에 더하여 이 책의 저자가 권하는 대로 성경 말씀과 기도로 준비하고 하나님의 은총을 사모하면서 살아간다면, 삶의 현장에서 하나님의 나라를 실천하면서 사는 축복을 누리게 될 것입니다.

 이 책이 하나님이 이끌어 주시는 연애와 결혼을 위해 기도하는 젊은이들에게 행복한 메시지로 남기를 바라면서 강력히 추천합니다.

추천사 2

조 인 성 목사
월계교회 담임

　제가 저자의 글을 접했을 때 신선한 충격과 기쁨을 경험할 수 있었습니다. 특별히 책의 내용 가운데 "저는 말하고 싶습니다. 연애를 하고 싶은 형제자매 여러분 하나님을 사랑하십시오. 그러면 하나님은 여러분에게 사랑이 무엇인지 알려 주실 것입니다"라는 부분에 전적으로 동의합니다. 바로 이 부분에 저자가 독자에게 전하고 싶어 하는 모든 것이 담겨 있다고 생각합니다.

　이 책의 목적은 연애와 결혼에 대한 이론과 지식을 전달하기 위한 것이 아니고, 연애와 결혼에 대한 실패와 성공담을 소개하려는 것도 아닙니다. 인간을 창조하시고, 결혼제도를 만드신 하나님의 결혼에 대한 어떤 의도와 목적을 명확하게 소개하는 책입니다.

미국 캘리포니아 주 레드우드국립공원에는 3세기를 거치며 110m의 거목으로 자란 세계에서 가장 높은 나무인 레드우드가 서 있습니다.

나무는 크게 자랄수록 땅의 물을 잎까지 전달하기가 힘들어진다고 하는데 레드우드는 어떻게 뿌리에서부터 나무 꼭대기까지 전달할 수 있을까요?

여기에는 이런 비결이 있습니다. 거대한 레드우드는 땅뿐만 아니라 하늘의 안개에서까지 필요한 물을 흡수한다고 합니다. 레드우드가 하늘의 물(안개)을 흡수하지 않고 땅의 물만 의존했다면 100m가 넘는 거목이 될 수 없었을 것입니다.

하나님의 형상으로 창조된 우리 인생에게도 이와 같은 원리가 적용됩니다. 이 땅의 것만으로는 결코 하나님의 백성으로 성장할 수 없습니다. 하늘의 은혜, 하나님의 말씀의 은혜가 꼭 필요합니다. '하늘에 시민권'을 둔 하나님의 백성들은 이제 더 이상 이 세상의 가치관이 아니라 하나님께로, 하나님의 말씀으로 돌아가야 합니다.

이런 점에서 이 책은 매우 많은 유익을 주는 책입니다. 이 책을 모든 그리스도인, 특별히 청년들에게 적극 권합니다.

추천사 3

이 수 영
『수학으로 힐링하기』 저자

    제가 저자를 알게 된 것은 한 영어교육 선생님의 단체 카톡방이었습니다. 당시 저는 교관이라는 이름으로 지역별 선생님들과 연락을 취하고 있었습니다. 어느 지역의 카톡방에서 (영어교육 특성상 여자 선생님들이 대부분인데) 자신이 세 아이의 아빠(후에 네 아이가 되었지만)라고 소개하는 저자를 만났습니다.

    당시 저는 잘나가던 대기업을 퇴직하고 광야를 걷던 시기였습니다. 저의 가족은 든든하던 가장이 퇴직을 하면서 겪는 심리적, 정서적, 경제적인 불안과, 이 모든 것이 하나님의 뜻이라고 여기면서도 갈등하고, 그러면서도 신앙을 더 가져보려는 상황에 있었습니다. 이런 때 저자를 만난 것입니다.

저자의 삶 역시 일반적인 남자의 삶, 가장의 삶과는 다른 길을 가고 있었습니다. 그는 자비량으로 대안학교에서 교사를 하고, 과외비를 받지 못함에도 몇 년간 목사님 자제에게 공부를 가르쳐주고 있었습니다. 무모하면서도 그 안에서는 하나님을 사랑함이 있었고, 이학박사의 날카로움과 지금껏 몇 천 권의 책을 읽었다는 박학다식함도 있었습니다. 저는 저자가 책을 낸 것이 결코 놀랍지 않습니다.

저 역시 남편으로서 아내를 사랑하는 것, 부부간에 연합하는 것이 여전한 과제이고 숙제입니다. 성경에서는 남편이 아내 사랑하는 것에 대하여, 그리고 아내가 남편에게 순종하고 복종하는 것에 대하여 이야기합니다. 부부싸움을 한 날이면 '저 성경 구절을 아내가 읽어야 하는데'라고 푸념한 적이 한두 번이 아니었습니다.

저자는 우리가 진정한 사랑을 부모로부터 배우지 못하고, 아니, 어쩌면 그러한 사랑을 보고 배우는 것이 불가능할 수도 있다는 것을 인정합니다. 그리고 오랫동안 기도하고 만난 배우자와 갈등하는 그리스도인 부부들을 보며 이 세상에 완전한 사랑은 없다고 하소연할 수도 있다고 인정합니다. 또한 완전한 사랑이 없기에 조건에 맞는 배우자를 찾는 것이 어쩌면 더 현명하게 여겨진다는 것을 인정합니다.

저자는 단호히 이야기합니다. 부부가 먼저 '하나님을 사랑하라'고, 그리고 사람마다 각각 마음속에 갖고 있는 무서운 하나님, 능력의 하나님, 권위의 하나님, 너그러운 하나님이 아니라, 참 하나님을 만나고 사랑하라고 말입니다. 부부는 서로 간에 희생을 강요하지 않습니다.

이 책은 저자의 삶입니다.
저자가 직접 경험하고 겪어 내는, 지금도 그렇게 살아내는 땀과 눈물입니다.

저자 서문

김 지 수 박사
광주과학기술원 한국문화기술연구소 선임연구원

이 책은 미혼인 형제자매들에게 연애를 어떻게 시작하며 결혼은 왜 해야 하는지와, 결혼을 통해서 무엇을 얻을 수 있고 어떻게 하나님을 만날 수 있는지에 대해 말하고 있습니다. 이 책의 내용들은 저의 경험적 기록입니다. 저도 믿음 안에서 연애를 어떻게 해야 하는지, 연애 기도는 어떻게 하는지를 몰랐습니다. 믿음의 가정을 이룬 선배들이 연애와 결혼에 대한 기록을 남겨두면 결혼에 대한 믿음을 갖지 못하는 그리스도인 형제자매들에게 좋은 본보기가 될 수 있을 것 같아 이 책을 쓰게 되었습니다.

요즘 시대는 대중매체가 결혼에 대한 불신을 가중시키고 있습니다. 이 문제를 믿음의 가정을 이룬 선배님들이 해결해 주어야 한다고 생각합니다. 저는 『하나님이 이끄시는 연애와 결혼』을 기획했고, 기록했습니다.

결혼 적령기인 형제자매들은 연애를 어떻게 시작하고 기도를 어떻게 해야 하는지를 잘 모릅니다. 그저 세상의 연애 방법을 따릅니다. 이렇게 시도한 후에 결과가 좋지 않으면 "나는 연애와 맞지 않아. 어디에 내 짝이 있는지도 모르겠다"며 자포자기합니다. 저는 연애할 때 오직 성경 말씀으로 기도하며 진행했습니다. 책에 나온 이야기들은 실제 저희 부부와 아이들의 이야기입니다.

하나님이 주신 결혼의 축복을 청년 형제자매들이 다시 꿈꾸고 기대하며 준비하기를 진심으로 기대하는 마음으로 이 책을 썼습니다. 이 책은 저희 부부에 대한 경험과 기록이긴 하지만 온전히 성경 말씀과 기도로 준비하였기에 다른 분들에게도 온전한 하나님의 은혜가 임할 것으로 확신합니다. 이 책의 내용이 하나님이 이끄시는 연애와 결혼을 위해 기도하는 형제자매님들에게 행복한 메시지로 남기를 기도합니다.

목차

추천사 1 이혜성 박사 / 한국상담대학원대학교 총장 — 4
추천사 2 조인성 목사 / 월계교회 담임 — 7
추천사 3 이수영 / 『수학으로 힐링하기』 저자 — 9
저자 서문 — 12

1. 연애 준비 17

1. 연애란 무엇인가? — 18
2. 하나님 안에서 연애는 어떻게 해야 하나? — 22
3. 연애를 위한 기도(하나님 말씀을 가지고 기도하기)는 어떻게 해야 하나? — 25
4. 자신을 위한 기도는 어떻게 해야 하나? — 34
5. 상대를 위한 기도는 어떻게 해야 하나? — 38
6. 연애를 위해서 준비해야 할 것들은 무엇인가? — 41
7. 연애를 위한 독서는 어떻게 해야 하나? — 46
8. 기타 연애를 위해서 필요한 것은 무엇이 있나? — 50

2. 연애 기간 54

1. 첫 만남은 어떻게 해야 하나? — 55
2. 첫 만남은 어떻게 진행되었나? — 62
3. 첫 만남 이후? — 66
4. 상대를 향한 하나님의 새로운 경험의 시간 — 70
5. 결혼 예비 학교 — 73
6. 서로에 대한 차이 존중하기 — 78
7. 정말 소중한 것은 귀하게 온다 — 82
8. 연애하면서 버려야 할 것들 — 85
9. 연애하면서 꼭 해 보면 좋은 일들 — 88
10. 만남, 이별 그리고 그 후! — 93

3. 결혼 준비, 결혼식 그리고 신혼여행 ——— 96

    1. 프로포즈의 의미 —97
    2. 진정 사랑한다는 것은 무엇일까? —102
    3. 양가 상견례는 어떻게 해야 하나? —106
    4. 양가 상견례 후 결혼 진행 절차에는 어떤 것들이 있나? —108
    5. 결혼식 장소 생각해 보기! —113
    6. 결혼식 —116
    7. 신혼여행 —120

4. 신혼생활 ——— 124

    1. 신혼생활 이야기 —125
    2. 가정예배 드리기 —128
    3. 부부가 사용해야 하는 언어 —131
    4. 서로 이해하는 부부되기 —135
    5. 대화하는 부부 —139
    6. 부부의 성(性) 이야기 —142
    7. 신혼생활의 안정감 —145

5. 임신과 출산 ——— 152

    1. 임신에 대한 기쁨 —153
    2. 임신 기간 동안 남편이 준비할 일 —157
    3. 임신 기간 동안 아내가 준비할 일 —160
    4. 출산 준비물 —163
    5. 출산 —166
    6. 출산 후 겪는 문화적 충격에서 이겨 내기 —170

6. 아이와 부모 — 174

1. 아이는 하나님이 주신 선물인가? —175
2. 부모가 된다는 것 —180
3. 기도의 삶이 필요한 이유 —183
4. 아이 기르기 ① —188
5. 아이 기르기 ② —191
6. 아이 기르기 ③ —194
7. 아이 기르기 ④ —198
8. 네 아이들의 아빠가 된다는 것 —202
9. 가정예배 드리기 —205

7. 아이를 키우면서 들었던 묵상들 — 209

1. 묵상 하나: 아이는 나의 것이 아니다 —210
2. 묵상 둘: 아이가 기댈 수 있는 눈에 보이는 실체는 바로 나(부모)다 —213
3. 아이가 아팠을 때 느꼈던 것들 —216
4. 내가 부족할 때 느끼는 감정에 대해 하나님이 주시는 말씀 —219
5. 재물과 나 자신과의 싸움 —223
6. 정의로운 나 —226

8. 추천 교육 — 231

1. 감정코칭 교육 —232
2. 결혼 예비 학교 —235
3. 심리치료 —237
4. 창조론 교육 —240

9. 추천 도서 — 243

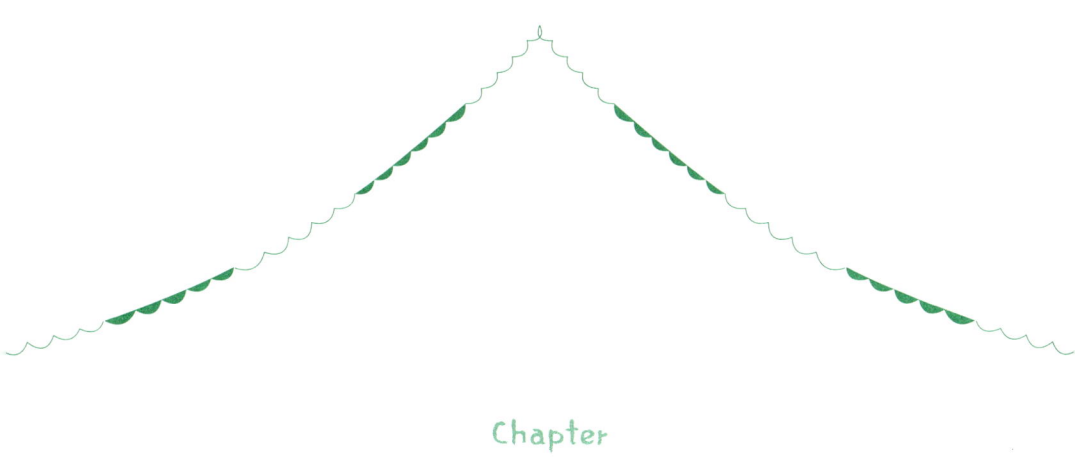

Chapter

1

. . . .

연애 준비

1. 연애란 무엇인가?

우리가 흔히 들어볼 수 있는 연애란 말의 사전적 의미(Daum 사전)는 아래와 같습니다.

연애 [戀愛]

1. 두 사람이 상대방을 서로 애틋하게 사랑하여 사귐.
2. 서로 상대방을 애틋하게 사모하여 사귀다.

저는 연애란 말의 사전적 의미를 다음과 같은 의미로 바꾸면 어떨까 합니다. 성경 구절에 다음과 같은 구절이 있습니다.

> 하나님이 우리를 사랑하시는 사랑을 우리가 알고 믿었노니 하나님은 사랑이시라 사랑 안에 거하는 자는 하나님 안에 거하고 하나님도 그의 안에 거하시느니라(요일 4:16, 개역개정).

And so we know and rely on the love God has for us. God is love. Whoever lives in love lives in God, and God in him(요일 4:16, NIV).

우리는 하나님이 우리에게 베푸시는 사랑을 알았고, 또 믿었습니다. 하나님은 사랑이십니다. 사랑 안에 있는 사람은 하나님 안에 있고 하나님도 그 사람 안에 계십니다(요일 4:16, 새번역).

사랑하지 아니하는 자는 하나님을 알지 못하나니 이는 하나님은 사랑이심이라(요일 4:8, 개역개정).

Whoever does not love does not know God, because God is love (요일 4:8, NIV).

사랑하지 않는 사람은 하나님을 알지 못합니다. 하나님은 사랑이시기 때문입니다(요일 4:8, 새번역).

저는 위 성경 구절을 통해서 연애의 의미를 다른 각도로 보기 시작했습니다. 이 책을 쓰기 시작하게 된 모티브도 이 구절에서 시작하게 되었습니다. 30대가 되었을 때 결혼이 제 앞의 현실이 되어가고 있었습니다. 그래서 저는 자매와 연애를 어떻게 해야 할지에 대해 많이 고민했습니다. 어느 날 성경을 읽어가다가 이 구절에서 깜짝 놀라게 되었습니다. 바로 성경이 사랑(연애)에 대해서 말을 해 주고 있었습니다.

저는 위 구절에서 사랑(연애)이라는 것의 본체가 바로 하나님이라는 것을 알게 되었습니다. 하나님은 사랑이라는 구절이 제 가슴을 뚫었습니다. 바로 말씀이 창이 되어서 저의 폐부를 찔렀던 것이지요. 그 전에 저는 이 구절을 깊이 있게 생각하지 않았던 것입니다. 하지만 그 순간에는 제 안에 계시는 성령님께서 알려 주셨던 것이지요. 제가 연애를 잘하려면 바로 하나님을 알아야 하고 하나님을 먼저 사랑해야 한다는 것을 알려 주셨습니다. 할렐루야! 저는 정말 기뻤습니다.

그 경험 이후로는 하나님과 연애하는 기분으로 살았습니다. 혼자 실실 웃기도 하고, 중얼거리기도 하고, 찬양하기도 했습니다. 마치 눈앞에 저의 연인이 살아서 함께 있는 것같이 행동했습니다. 그때 정말 기뻤습니다. 하나님을 알게 되면 될수록 제 가슴은 행복했습니다. 이때 목사님들께서 예배 중에 하셨던 말씀을 조금이나마 이해할 수 있었습니다.

"사랑하지 않는 사람은 하나님을 알지 못합니다. 하나님은 사랑이시기 때문입니다."

즉, 제가 하나님을 사랑할 때 그분을 알 수 있다는 것을 알게 된 것입니다.

그렇게 저는 하나님과 연애를 시작할 수 있었고, 제가 가지고 있는 고민과 여러 가지 생각들을 하나님께 나누며 기도할 수 있었습니다. 저는 이렇게 말하고 싶습니다.

"연애를 하고 싶은 형제자매 여러분!
먼저 하나님을 사랑하십시오. 그러면 하나님은 여러분에게 사랑이 무엇인지 알려 주실 것입니다. 제가 경험했던 하나님과의 연애경험을 형제자매님들도 경험하실 수 있을 것입니다. 연애의 시작은 하나님을 사랑하는 것입니다."

 ## 2. 하나님 안에서 연애는 어떻게 해야 하나?

 '하나님 안에서 연애'란, 하나님과 함께 동행하는 연애를 말합니다. 하나님과 함께하는 연애는 자신의 마음 가운데 깨끗하지 못한 생각과 행동을 내려놓게 만들어 형제자매를 존중할 수 있게 합니다. 이것은 제가 경험해 본 사실입니다. 하나님 그분 자체가 사랑입니다. 따라서 하나님과 연애하는 마음으로 상대방과 연애를 해야 하는 것이 바로 하나님 안에서 연애하는 것입니다.

 사람은 연애를 하다 보면 실수를 하게 됩니다. 그건 바로 연애하는 형제나 자매를 하나님보다 더 먼저 생각하는 것입니다. 이게 무슨 실수냐고 생각할 수도 있습니다. 하지만 저는 이 부분이 연애나 삶에 있어 중요한 부분이라고 말씀 드립니다.

 우리가 하나님보다 상대를 더 생각하다 보면 내가 생각한 대로, 바라는 대로 되지 않을 때가 많습니다. 그 원인은 **욕심**에 있습니다. '내가 상대방을 사랑하면 상대방도 나를 사랑해야지 왜 나만 사랑하지?'라고 생각하면서도, 전화를 한번 하면 또 하고 싶고, 보고 나면 또 보고 싶은 욕심이 생깁니다. 그러다가 생각대로 되지 않으면 그 사람으로부터 상처 받고 미워지기도 합니다. 그래서 저는 하나님 안에서 연애를 해야 한다고 주장하는 것입니다.

하나님은 우리를 사랑하시기 때문에 똑같은 시간과 환경을 주십니다. 그분이 주시는 사랑은 마음에 드는 사람이건 마음에 들지 않는 사람이건 가리지 않습니다. 조건 없는 사랑을 베푸시는 것입니다. 그 사랑 안에서 우리는 마음껏 행복하기도 하고 충만한 기쁨을 누리기도 하며 살아갑니다.

저는 우리가 연애를 하나님께서 우리를 사랑하시는 방법으로 해야 한다고 봅니다. 그렇게 할 때 서로에게 상처를 주지도 않고 상처를 받지도 않습니다. 물론 이런 과정이 쉽지는 않습니다. 사람이기 때문에 서로에게 욕심도 생기고 미움도 생기고 더 소유하고 싶은 욕망도 생기고 더 사랑받고 싶은 생각도 듭니다.

저도 처음에는 이런 사랑의 원리를 몰랐습니다.
'하나님 안에서 연애라는 것을 어떻게 해야 하나?'
이런 막연한 생각을 하게 되었습니다. 하지만 하나님과 연애하는 방법을 배우게 된 이후로 하나님을 제일 먼저 사랑하고 그 안에서 자매를 사랑하게 됨으로써 진짜 사랑(연애)를 할 수 있었습니다.

우리는 하나님 안에서 자유하지 못할 때 상처로부터 자유롭지 못합니다. 즉 상대로부터 자유롭지 못합니다. 상대의 말 한마디에 내 자존심이 상하기도 하고 상대의 말 한마디에 천국에 있는 것 같기도 합니다. 왜냐하면 상대의 기분과 말에 따라서 내 기분과 행동이 좌우되기 때문입니다.

하지만 하나님을 제일로 여기고 하나님께서 이 만남을 잘 이끌어 주실 줄 믿고 기도하며 연애를 하면, 상대의 기분보다는 하나님이 주시는 사랑 안에서 형제와 자매를 사랑하게 됩니다. 그렇게 될 때 비로소 하나님이 우리에게 부어 주시는 사랑의 은혜로 상대를 바라보고 연애하기 때문에 더 이상 상대에게 집착하거나 괴롭지 않습니다.

물론 이런 사랑을 하기까지는 많은 시간과 노력이 필요합니다. 무엇보다도 하나님을 제일로 사랑하는 연습이 필요한 것이겠죠. 우리에게 무한한 사랑을 베풀어 주시는 하나님의 사랑을 배우고 그 사랑을 상대방에게 준다면 행복한 연애의 시간이 될 것입니다. 꼭 하나님 안에서 연애를 해야 합니다.

3. 연애를 위한 기도(하나님 말씀을 가지고 기도하기)는 어떻게 해야 하나?

이 주제는 저의 연애 경험과 엮어서 이야기하겠습니다.

청년 때에 연애는 최고의 관심사 중의 하나입니다. 하지만 이성에 대한 관심은 있지만 상대를 알아보기 위한 준비는 미흡합니다. 저도 그랬습니다. 서로에게 관심을 가지는 것은 좋습니다. 그렇다면 바로 서로를 알기 위한 노력을 시작해야 합니다. 남자는 여자의 심리 상태와 남녀의 차이점에 관한 책을 읽어야 합니다. 물론 책이 모든 것을 알려 주지는 않습니다. 하지만 형제와 자매가 무슨 차이가 있는지는 알 수 있을 것입니다.

저도 여러분과 같은 청년 때에는 이와 같은 사실을 잘 몰랐습니다. 그저 청년의 때에 준비하고 또 준비했어야 했는데 준비하지 못했습니다. 다른 말로 하자면 자투리 시간을 사용하는 법을 몰랐습니다. 시간을 물처럼 흘려보냈던 적이 많았습니다. 지금 생각해 보면 안타깝기도 합니다. 준비되었다면 서로에게 상처도 덜 받고 서로를 이해하는 시간도 더 빨라졌을 것입니다.

　제가 청년이었을 때 어떤 모습으로 결혼 준비를 하였는지를 되돌아보겠습니다. 가장 먼저 결혼 상대자에 대한 고민을 했습니다.
　다른 것이 아닌 상대의 신앙을 볼 것인가, 아니면 조건, 얼굴 등을 볼 것인가?
　이 고민은 이 글을 읽고 있는 형제자매들에게도 동일할 것입니다. 인간적인 마음으로 여자의 외모, 조건 등을 많이 보았습니다. 하지만 뒤돌아서서 기도해 보면 그런 생각은 잘못된 것이었습니다.

'어떤 사람이 진짜 나의 배우자일까?'
　이런 궁금함에 기도도 해 보고 여러 가지 책도 읽어보았지만 뾰족한 답은 없었습니다. 형제들 간의 친교 시간에 많은 이야기들을 나누면서 어떤 자매를 만나야 할지에 대해 얘기하지만, 서로가 한계를 가지다 보니 앞으로 나아가지는 못했습니다.

　이런 경우에 결혼한 젊은 부부 집사님들이 청년들에게 와서 연애 시절의 이야기를 해 주고 어떻게 서로에 대해서 알아 갔는지를 알려 준다면 청년들에게 큰 도움이 될 것입니다. 그러나 제가 청년일 때 그런 프로그램이 없어서 아쉬웠습니다. 믿음 안에서 결혼한 선배들이 청년들에게 연애 컨설팅으로 도움을 준다면 청년들은 도전받아 아름다운 교제들을 할 수 있을 것입니다.

지금 제가 이 글을 쓰는 이유는 청년들에게 도움을 주기 위함입니다. 어떻게 연애를 했고 그 연애를 통해서 어떤 하나님을 만났으며 하나님이 우리 커플에게 주시는 메시지가 무엇이었는지를 말하고 싶은 것입니다. 저는 결혼이 하나님께서 주시는 축복이라고 믿습니다. 지금 이 글을 쓰고 있는 시간도 제 아내를 생각하면 가슴이 두근거리고 입가에 미소가 지어집니다. 이 글을 읽고 있는 형제자매들도 이런 기분을 느끼게 되기를 바랍니다.

이 글은 결혼한 지 얼마 지나지 않아서 구상을 시작했습니다. 그런데 글로 쓰기 시작한 것은 지금으로부터 2년 전이었습니다. 이 글을 통해서 우리가 왜 하나님의 가정을 이루고 그것을 통해서 무엇을 볼 수 있는지를 나누고 싶습니다.

제가 연애를 막 시작하려고 하던 때는 박사과정에서 공부를 하고 있었습니다. 대학원 경험을 해 본 분들은 대학원 학생들의 시간이 월화수목금금금인 경우가 많다는 것을 아실 것입니다. 저도 그렇게 시간을 보내는 사람 중의 하나였습니다. 주로 밤늦게까지 학교 연구실에 있었고, 청년부 예배가 있는 토요일 늦은 오후에는 교회에 가서 형제들과 즐거운 교제 시간을 나누면서 지난 일주일간의 피로를 풀곤 했습니다.

밤늦게까지 학교에서 공부와 연구를 병행하다 보니 새벽기도 가기가 힘이 들어서 집에 돌아가는 시간에 교회에 들러 밤기도를 하고 돌아가는 시간이 많았습니다. 밤늦은 시간에 예배당에서 결혼에 대한 기도를 하기 시작했습니다. 그때 나이가 30대 초반이었습니다. 적은 나이가 아니었기에 결혼에 대한 막연한 기도보다는 하나님이 어떤 마음을 주실까를 생각하며 기도했습니다. 그때는 하나님께 연애를 맡기는 것보다 저의 생각이 중심이 되어서 기도를 했습니다. 저의 생각에 맞춰서 하나님께 떼를 부렸다고 말하는 것이 정확합니다. 그렇게 기도를 하면서 지쳐가는 내 모습을 발견하기도 했습니다.

주일 오후는 본 교회 예배를 드리고 외국인 교회를 섬기면서 주일을 보냈습니다. 그러다가 청년 모임에 더 열정적으로 나가면서 청년부 예배에 있는 자매들이 눈에 들어오기 시작했습니다. 형제들을 통해서 여러 가지 정보도 모으면서 '어떤 자매가 하나님께서 나에게 주신 자매일까?'를 고민했습니다.

그렇게 청년부 예배를 드리고 청년들과 교제의 장이 넓어져 갈 무렵 교회에 있는 자매 중에 한 사람이 눈에 띄었습니다. 그래서 열심히 그 자매에 대한 정보를 파악했습니다. 그 자매가 혼자인지 몇 살인지에 대해서 듣게 되고 혼자서 반가운 미소를 짓기도 했습니다. 조금씩 조금씩 자매에 대한 소식을 들으면 종종 내 마음속은 천국을 걷는 것 같았습니다. 그렇게 자매에게 조금씩 다가가고 있었습니다. 그러던 중에 청년부 예배에서 청년부들도 새벽기도를 출석해 보자는 의견이 결정됐고, 저도 이 의견에 동참을 하게 됐습니다. 저는 제 주변 동네에 있는 형제자매들 몇 명을 데리고 새벽기도를 같이 다니게 되었습니다.

그렇게 새벽기도를 출석하다가 한 자매로부터 좋은 소식들을 듣게 되었습니다. 제가 마음에 품고 기도하던 자매가 새벽기도를 가고 싶어 한다는 소식을 저에게 알려 주었습니다. 그 소식을 들은 저는 뛸 것처럼 기뻤습니다. 기대하던 자매와 함께 새벽기도를 처음 나간 날. 밤에 잠도 설칠 만큼 새로운 경험이었습니다. 물론 이 때도 기도를 열심히 했습니다.

기대했던 자매와 함께 새벽기도를 출석하면서 이 자매가 미래의 제 아내로서 어떤지 하나님께 기도하기 시작했습니다. 그렇게 시간은 흘러갔습니다. 마침내 기대하고 고대하던 데이트 시간을 가질 수 있었습니다. 자매와 함께 점심을 먹고, 가을 들판을 보며 드라이브를 했습니다. 행복한 순간이었습니다. 그리고 저의 기도는 깊어져 갔습니다.

'하나님, 이 자매가 저와 미래를 약속한 자매인가요?'
이렇게 물을 때마다 환경적으로 그렇게 인도되는 것 같은 느낌이 들었습니다. 여기저기 돌아다니다 보면 그 자매와 비슷한 이름의 문구들이 더 자주 들어왔습니다. 이런 것들을 경험할 때마다 이 자매와 인연이라는 확신이 더 깊어졌습니다. 그렇게 스스로를 위로하며 하나님께 더욱더 기도했습니다. 그렇게 시간은 흘렀고 드디어 기다리던 첫눈이 내렸습니다.

첫눈이 내린 날은 다행히 주일이었고, 모든 예배를 마치고 집으로 돌아가던 순간이었습니다. 그날은 눈이 정말 많이 내려 무릎까지 쌓였습니다. 자매와 제가 집으로 가는 방향에 공원이 있어 자매와 저는 눈싸움을 하면서 1시간 이상을 즐겁게 보냈습니다. 저는 이 시간을 놓칠 수 없어 정식으로 교제를 해 보자고 프로포즈를 했습니다. 3주의 기다림의 시간이 끝나 갈 무렵 자매로부터 한 통의 거절 메일이 배달되었습니다. 저는 자매에게 거절도 좋으니까 메시지나 메일보다는 직접 만나서 전해 달라고 이야기를 했습니다. 하지만 자매는 메일로 거절에 대한 답을 보낸 것입니다.

　처음에 저도 마음에 상처를 받고 힘이 든 것은 사실이었습니다. 그때 다행히 저에게는 멘토 목사님들이 계셨었습니다. 그때 한 목사님께 자매와의 교제에 대해서 이야기했습니다. 목사님의 대답은 자매를 축복해 주고 더 좋은 형제를 만날 수 있게 보내 주라는 것이었습니다. 저는 그 말씀대로 순종했습니다. 그랬더니 마음이 편안해졌습니다. 저는 진심으로 자매를 위해 축복기도를 할 수 있었습니다. 좋은 형제 만나서 새로 교제하고 행복한 가정을 이룰 수 있도록 기도했습니다.

　그 후 저는 저를 돌아보는 시간을 가졌습니다. 제가 자매와 교제하면서 무엇을 놓쳤고 실수했는지를 되돌아봤습니다. 그런데 그때 저는 저의 연애 중심에 주님이 없었음을 알게 되었습니다. 주님보다는 자매를 먼저 보았던 것입니다. 즉 하나님 안에서 교제를 하지 않았던 것입니다. 이것은 정말 중요한 문제였습니다. 이때 저는 앞으로 무슨 일이 있어도 주님 중심으로 일을 해야겠다고 생각했습니다.

　일반적으로 청년들은 먼저 자신의 이상형을 그리고 그 이상형대로 형제자매를 만나게 해 달라고 기도합니다. 하지만 저는 이 부분에서 다르게 생각합니다. 이것은 이 주제에 관해 중요한 내용인데, 뒤에서 자세하게 설명하겠습니다.

먼저 저는 아래의 성경 말씀을 믿는 개신교 신자입니다.

> 태초에 하나님이 천지를 창조하시니라(창 1:1, 개역개정).

> In the beginning God created the heavens and the earth(창 1:1, NIV).

> 태초에 하나님이 천지를 창조하셨다(창 1:1, 새번역).

이 글을 읽고 있는 형제자매님들도 위의 성경 말씀을 믿으신다면, 여러분을 만드신 분이 하나님이심도 믿으실 것입니다. 저는 이 성경 말씀에서 하나님을 깊게 만났습니다.

우리는 연애를 위해 기도를 할 때 상대방의 용모, 학벌 등을 위해 구체적으로 기도를 하라는 얘기를 들어 보았을 것입니다. 저는 이 얘기를 듣고 처음에는 그렇게 기도해야 한다고 생각했습니다. 그런데 위에 있는 말씀을 통해서 하나님을 만나고 나서 이 기도가 그분이 원하는 기도가 아님을 깨닫게 되었습니다. 왜냐하면 저를 만드신 하나님이 저와 함께할 아내도 만드신 분이시기 때문입니다. 저를 만드신 하나님은 누구보다 저를 더 잘 아실 것입니다. 그렇다면 하나님은 저와 함께할 아내도 제가 바라는 것보다 저를 위해 잘 만드실 겁니다.

그래서 저는 하나님이 저를 위해서 만드신 배우자를 제 생각으로 판단하지 말자고 생각했습니다. 그리고 기도의 제목을 바꾸었습니다.
"저를 만드신 하나님, 제 아내 또한 제가 아는 것보다 훨씬 더 잘 아실 거라 믿습니다. 그 아내가 어떤 아내일지 하나님께서 주신 아내라면 저는 그 어떤 모습이라도 감사함으로 결혼하겠습니다."
이렇게 기도를 바꾸고 나니 저는 편안해졌고 행복했습니다.

제가 생각하는 연애 기도는 바로 "하나님의 계획을 방해하지 않는 기도"입니다. 우리의 생각이 하나님의 생각보다 앞설 수 없고, 하나님의 계획보다 더 좋지 못합니다. 저는 이런 기도를 하였고 이 기도로 저에게 맞는 행복한 아내를 맞이할 수 있었습니다.

그리고 또 하나 당부 드리는 것은 현상을 믿지 말라고 부탁드리고 싶습니다. 저희들은 가끔씩 눈에 보이는 현상을 보며 이게 바로 하나님이 주시는 표시가 아닐까 하는 생각들을 많이 합니다. 하지만 현상보다 기도와 응답이 하나님이 주시는 더 큰 믿음의 표시라고 말씀 드리고 싶습니다.

사랑하는 형제자매 여러분!

저는 기도보다 앞서는 하나님의 표시가 없다고 봅니다. 하나님께서 계획하시고 지으신 여러분들의 배우자를 위해서 기도로써 준비하시기를 부탁드립니다.

 **4. 자신을 위한 기도는 어떻게 해야 하나?**

연애를 하기 전, 자신을 위한 기도는 어떻게 해야 하는지 막막하기만 합니다. 저도 결혼할 상대에 대해서 어떻게 기도를 하는 것이 옳은가에 대한 물음이 많았습니다. 그때 사람들은 흔히 말하기를, 미리 자기의 짝을 생각하여 결혼 상대 조건을 정하고 기도하면 그런 사람이 온다고 했습니다. 저도 처음에 '그런 사람을 달라고 기도해야 하는 것이 아닌가' 하는 생각으로 조건을 걸고 기도했습니다. 하지만 그 후 이 기도는 하나님이 원하시는 기도가 아니라는 생각이 들었습니다.

저는 이렇게 생각합니다. 어떤 사람을 달라고 기도할 것이 아닙니다. 다시 말하면 결혼하고 나서도 바뀌지 않을 수 있는 자신의 가시를 변화시켜 달라고 기도해야 합니다. 차분히 자신을 돌아보아야 합니다. 자신의 상처, 변화되지 못한 인격, 말, 행동을 볼 수 있어야 합니다.

이 모든 어려움들을 하나님 앞에 가지고 나아가서 하나님께 고쳐 달라고 기도해야 합니다. 물론 자신이 변화되지 않은 상태로 연애할 수 있습니다. 연애 기간 동안에 자신의 본 모습은 드러나지 않습니다. 이와 같은 이유는 상대에게 좋은 모습만 보여 주려고 하기 때문입니다. 하지만 결혼 후 사람들은 본래 모습으로 돌아옵니다. 남자들의 경우를 보자면, 양말을 벗어서 아무 곳에나 벗어두는 버릇, 옷을 벗어서 정리하지 않는 모습, 책상 정리하지 않는 모습 등이 있을 것입니다.

결혼 직후에는 이와 같은 단점들을 사랑하는 마음으로 이해할 수 있습니다. 하지만 시간이 흐르고 아이가 생겨서 자신의 몸이 힘들기 시작 할 때 인간의 본래 모습이 드러나기 시작합니다. 그렇게 될 때 자신의 가시들이 정체를 드러내기 시작해 하나님의 귀한 모습을 가지고 태어난 배우자를 찌르고 상처를 줍니다.

이때를 대비해 본인의 모습을 치유해야 합니다. 방법은 기도를 통해서 하나님을 만나고 자신을 바꾸려고 노력하는 것입니다. 이때 본인의 의지보다는 성령님의 도움을 의지하셔야 합니다. 성령님의 도움 없이 자신의 힘만으로는 거의 불가능에 가깝습니다. 작심삼일이라는 말이 있습니다. 자기의 행동과 말 등을 바꾼다는 것은 천지개벽과 같다는 것을 이 글을 읽고 있는 분들도 공감하실 겁니다.

저 또한 아직도 제 자신과 싸우고 있습니다. 저의 급한 성격과 화내는 것 등은 제 아내와 아이들에게 깊은 상처를 주고 있습니다. 저도 변화되었다고 자신하였지만 실제 결혼한 후 제 모습에는 아직 변화되지 못한 모습이 너무나 많았습니다.

사랑하는 형제자매 여러분!
다른 것을 위해 기도할 것이 아니라 변화되지 않는 자신의 모습을 위해 기도하십시오. 그리고 노력하십시오. 그렇지 않으면 결혼한 후에 자신의 모습 때문에 얼마나 상처를 상처 주고 상처 받는지를 깨닫게 될 겁니다.

오직 주님만 의지하면서 기도하십시오. 성경 말씀에 의지해 자신을 변화시켜달라고 새벽에 기도하시고, 새벽에 할 수 없다면 시시때

때로 기도하십시오. 변화시켜줄 수 있는 분은 성령님과 하나님의 말씀뿐입니다. 저도 그때 이러한 시간을 많이 갖지 못해 아쉽습니다. 이러한 시간을 귀하게 보내면 결혼 후에 좋은 가정을 이루실 수 있습니다.

고슴도치와 비슷하게 생긴 호저를 아실 겁니다. 호저들은 잠을 잘 때 서로의 가시 때문에 일정한 간격을 두고 잠을 잔다고 합니다. 이것이 바로 우리의 모습이지 않나 생각합니다. 자신의 가시가 상대를 찌르거나 상대의 가시가 자신을 찌를까 봐 상대와 거리를 두는 것은 하나님께서 이루시고자 하는 천국의 가정과는 거리가 있다고 생각합니다.

하나님이 귀하게 여기는 형제자매 여러분!
자신의 가시를 위해서 기도하는 멋진 선남선녀가 되세요. 그리고 변화된 모습으로 연애하고 결혼해서 하나님께서 부어 주시는 사랑을 배우자와 아이들에게 부어 주시기 바랍니다.

5. 상대를 위한 기도는 어떻게 해야 하나?

저도 처음에 상대를 위한 기도를 어떻게 해야 하는가에 대해서 많이 고민을 했습니다. 일단 저를 만드신 하나님께 감사했습니다. 왜냐하면 제가 태어나게 된 순간을 생각하니, 제가 엄청난 경쟁률에서 뽑힌 것이기 때문이었습니다. 그리고 제 배우자도 저와 마찬가지입니다. 이에 대한 감사로 상대를 위한 기도를 시작할 수 있었습니다.

감사의 기도가 시작되자 저는 물밀듯이 행복해졌습니다. 저와 결혼할 때까지 제 배우자를 지켜 주실 하나님이 정말 고마웠습니다. 그때는 걸어가다가도 잠을 자다가도 순간 순간 감사를 했습니다. 이때 이 말씀을 많이 묵상 했습니다.

> 항상 기뻐하라 쉬지 말고 기도하라 범사에 감사하라 이것이 그리스도 예수 안에서 너희를 향하신 하나님의 뜻이니라(살전 5:16-18, 개역개정).

Be joyful always; pray continually; give thanks in all circumstances, for this is God's will for you in Christ Jesus(살전 5:16-18, NIV).

항상 기뻐하십시오. 끊임없이 기도하십시오. 모든 일에 감사하십시오. 이것이 그리스도 예수 안에서 여러분에게 바라시는 하나님의 뜻입니다 (살전 5:16-18, 새번역).

이 말씀들은 저의 삶을 이끄는 꿀 같은 말씀이었습니다. 이 말씀을 묵상할 때면, 저는 말씀과 하나가 되었습니다. 말씀이 저와 따로 있는 것이 아니라 저와 동행하는 것이었습니다. 하나님의 말씀이 꿀 같이 달다는 느낌을 이때 조금 알았습니다.

그래서 상대를 위한 기도의 범위가 넓어졌습니다. 그 사람의 가족을 위해서 기도하게 되고 그 사람이 있는 환경에 대해서도 기도하게 되었습니다. 그리고 많은 궁금증도 생겼습니다. 이 모든 것들을 기도할 때 정말 기뻤습니다. 비록 배우자 될 사람이 제 눈앞에 실제로 보이지는 않지만 저와 같이 있는 것 같은 느낌으로 기도해 주었습니다.

그렇게 기도하고 준비하는 제 모습이 저에게 좋은 기억으로 남아 있습니다. 이 글을 읽고 있는 여러분들도 미래의 연인을 위해서 기도를 하세요. 참 좋으신 하나님은 여러분의 기도를 들어주실 겁니다. 어떤 사람인지 모르지만 그 사람을 위한 준비 기도는 저 나름대로 기대도 되고 행복한 시간이었습니다. 외로울 시간이 없었습니다. 그렇게 저는 상대를 위한 기도를 하면서 하나님과의 동행의 시간을 보냈습니다.

상대를 위한 기도는 감사의 기도로 시작해서 감사의 기도로 마무리해야 합니다. 저의 배우자가 건강하게 준비되고 있음에 감사하고, 앞으로 연애할 것에 대해서 감사하고, 결혼할 것을 감사하고, 좋은 가정을 이룰 것을 감사하고, 그 사람을 닮은 아이들이 태어날 것을 감사하는 것입니다. 이렇게 준비하면 그 사람이 나타났을 때 입에서 이런 고백이 나올 지도 모릅니다.

> 아담이 이르되 이는 내 뼈 중의 뼈요 살 중의 살이라 이것을 남자에게서 취하였은즉 여자라 부르리라 하니라(창 2:23, 개역개정).

> The man said, "This is now bone of my bones and flesh of my flesh; she shall be called 'woman', for she was taken out of man"(창 2:23, NIV).

그 때에 그 남자가 말하였다. "이제야 나타났구나, 이 사람! 뼈도 나의 뼈, 살도 나의 살, 남자에게서 나왔으니 여자라고 부를 것이다"(창 2:23, 새번역).

위 성경 말씀은 아담이 아내인 이브를 처음 만났을 때 했던 말입니다. 아마도 여러분들의 입에서 이런 감탄사가 나올지도 모릅니다. 그때를 기대하면서 오늘부터 꼭 여러분의 배우자를 위한 기도를 시작하십시오. 하나님의 축복이 임할 겁니다.

6. 연애를 위해서 준비해야 할 것들은 무엇인가?

저는 연애를 위해서 무엇을 해야 할지를 알지 못해서 힘들었던 기억이 있습니다. 그리스도인으로서 먼저 결혼한 저는 이렇게 말씀 드리고 싶습니다.

첫째, 하나님과 연애를 시작하세요.
그러면 자신의 성품이 정말 좋아집니다. 왜냐하면 하나님의 좋으신 성품을 닮게 되기 때문입니다. 우리는 하나님의 귀한 성품을 닮아가야 합니다. 그렇지 않으면 본인의 가시가 어느 순간 툭 튀어나와서 다른 사람을 찌르고 있기 때문입니다. 본인의 가시는 연애 시절에는 잘 드러나지 않습니다. 왜냐하면 상대에게 잘 보이고 싶어 감추기 때문입니다. 이건 모든 사람의 본성일 겁니다. 하지만 결혼하고 상대가 편해지기 시작하면 반전이 일어나기 시작합니다.

결혼 전에 사람의 마음은 상대방을 사랑하는 마음이 70% 정도 되고, 사랑 받고 싶은 마음은 30% 정도 된다고 합니다. 그런데 결혼하고 나면 이 마음이 바뀌어서 사랑 받고 싶은 마음이 70%가 된다고 합니다. 그렇기 때문에 상대에게 화가 나기도 하고 상대가 나를 사랑해 주지 않는다고 여겨집니다. 왜냐하면 우리들은 모두 다 자기중심으로 사랑하기 때문입니다. 자기만 상처받고 자기만 힘들다고 여깁니다. 우리가 이렇게 생각하게 되는 이유는 첫 사랑의 마음을 잃어버리기 때문입니다. 그 첫사랑의 느낌을 잃어버리지 않는다면 서로 미워하는 시간이 없을 겁니다.

> 그러므로 어디서 떨어졌는지를 생각하고 회개하여 처음 행위를 가지라 만일 그리하지 아니하고 회개하지 아니하면 내가 네게 가서 네 촛대를 그 자리에서 옮기리라(계 2:5, 개역개정).

> Remember the height from which you have fallen! Repent and do the things you did at first. If you do not repent, I will come to you and remove your lampstand from its place(계 2:5, NIV).
>
> 그러므로 네가 어디에서 떨어졌는지를 생각해 내서 회개하고, 처음에 하던 일을 하여라. 네가 그렇게 하지 않고, 회개하지 않으면, 내가 가서 네 촛대를 그 자리에서 옮기겠다(계 2:5, 새번역).

둘째, 우리는 위 말씀처럼 상대에게 처음에 가졌던 마음을 잊어서는 안 됩니다.

그래야만 상대방을 끊임없이 사랑할 수 있습니다. 그렇지 않으면 자신의 마음이 옮겨집니다. 그렇게 되면 어둠의 세력이 가장 좋아하는 하나님의 귀한 가정이 파괴되는 현상이 나타납니다. 하나님의 말씀을 가슴에 새기며 하나님이 주신 가정을 지켜 나가야 합니다.

셋째, 자신을 낮추야 합니다.

우리가 연애할 때나 결혼 후에 힘든 이유 중에 하나가 바로 자신을 상대보다 높게 보는 경우가 많습니다. 그래서 자신이 말한 것을 상대방이 실행해 주지 않을 때 자신을 무시한다고 생각하는 경향이 많습니다. 이런 생각을 하는 이유는 바로 자신이 상대보다 높다고 생각하기 때문입니다. 이것은 자존심 싸움이 됩니다.

저는 말하고 싶습니다. 자존심보다는 자존감을 높이라고 말하고 싶습니다. 에너지를 낭비하는 자존심은 서로를 멍들게 합니다. 자존심을 앞세우기보다 자존감을 높이고, 상대를 무시하거나 업신여기거나 조롱하지 말아야 합니다. 그러기 위해서는 하나님이 만들어 주신 귀한 돕는 배필을 존중해 주어야 합니다. 성경에 나와 있는 황금률을 지금 적용해 보면 좋습니다. 즉 받고 싶은 대로 행해 주는 것입니다.

> 그러므로 무엇이든지 남에게 대접을 받고자 하는 대로 너희도 남을 대접하라 이것이 율법이요 선지자니라(마 7:12, 개역개정).
>
> So in everything, do to others what you would have them do to you, for this sums up the Law and the Prophets(마 7:12, NIV).
>
> 그러므로 너희는 무엇이든지, 남에게 대접을 받고자 하는 대로, 너희도 남을 대접하여라. 이것이 율법과 예언서의 본뜻이다(마 7:12, 새번역).

위의 말씀처럼 여러분들도 남에게 대접 받고 싶은 대로 대접해 주십시오. 그러면 정말 행복한 생활을 할 것입니다. 잊지 마십시오. 우리는 인간입니다. 그렇기에 끊임없이 노력해야 합니다. 절대로 인간은 일순간에 변화되지 않습니다. 날마다 반복적으로 노력해야 합니다. 끊임없이 노력할 때 우리는 변화됩니다. 연애와 결혼 전에 준비해야 합니다. 그래야 조금이라도 더 변화될 수 있습니다. 결혼 후에 변화하는 것이 더 어렵습니다.

다시 한 번 정리해 보겠습니다.
첫째, 하나님을 사랑하는 것입니다.
둘째, 상대를 향한 첫 마음을 잃어버리지 않는 것입니다.
셋째, 자신을 낮추는 훈련을 하는 것입니다.
그렇게 준비할 때 훌륭한 자신의 인격이 완성되고 행복한 연애와 결혼생활을 할 수 있습니다.

 ## 7. 연애를 위한 독서는 어떻게 해야 하나?

연애와 독서가 잘 어울리지 않을 거라 생각하는 사람들이 많을 것 같습니다. 하지만 독서는 모든 분야에서 필요합니다. 이와 같은 생각을 하는 이유는 아주 많습니다.

첫째, 독서는 다른 사람의 오래된 연구나 경험을 짧은 시간에 배울 수 있는 장점이 있습니다.

둘째, 시간과 장소에 구애받지 않고 다양한 경험을 배울 수 있습니다.

셋째, 독서는 사람을 치유할 수도 있습니다. 독서치료라는 프로그램도 있습니다.

독서의 좋은 점에 대해 저의 경험을 이야기하고자 합니다. 2011년에 저는 제 자신의 변화에 대한 필요를 절실하게 느끼고 있었습니다. 제 자신이 변화되지 않고는 견딜 수가 없었습니다. 그 시점이 남자들에게 흔히 온다는 40대의 제2의 사춘기 시기였습니다. 저는 몹시도 제 자신을 바꾸고 싶었습니다. 그러다 책을 만나게 되었습니다. 이때까지 저는 책을 좋아하긴 했지만 제 인생을 바꿀 수 있는 독서는 하지 않고 있었습니다. 하지만 저는 그 시점에서 인생을 바꿀 독서로 제 자신을 변화시키고자 하는 열정이 가득 찼습니다.

그때부터 책을 탐독하기 시작했습니다. 집에 있던 책부터 읽기 시작하였고, 처음에는 책을 주로 구입을 했습니다. 하지만 책값이 너무 많이 들어가게 되었고 저는 집 주변에 있는 도서관을 이용하게 되었습니다. 도서관에는 다양한 종류의 책들이 있었습니다. 처음 독서 목록은 이름만 대면 알 수 있는 작가로부터 소개받은 책들이었습니다. 하지만 1년이 지나고 2년이 지나갈수록 저의 책 목록은 점점 더 다양하게 넓어져 갔습니다. 오로지 책을 읽기 위해 태어난 사람처럼 살았습니다. 저에게 자투리 시간은 오직 책을 읽는 시간으로 채웠습니다.

그리고 6년이 지난 지금, 처음 제가 책을 읽었을 때보다 지금의 저는 많이 변화되었습니다. 어떤 변화가 있었는지 적어보겠습니다.

첫째, 말의 힘을 믿습니다. 하나님의 성경 말씀의 힘을 누구보다도 믿는다고 할 수 있습니다.

둘째, 부정적인 생각을 하지 않습니다. 부정적인 생각의 횟수를 줄인 것입니다.

셋째, 인터넷, SNS, TV 시청 등 잡다한 일에 시간을 낭비하지 않습니다.

변화된 것은 이것들보다 더 많습니다. 다 나열하면 자기 자랑이 심해질 것 같아 이 정도로 마칠까 합니다.

제가 이런 말을 하는 이유는 이렇습니다. 세상에 살면서 우리가 읽고 죽는 책이 성경을 포함해서 몇 권이나 될까 생각해 보면 너무 적습니다. 저희 동네 도서관의 장서가 4만 권 이상입니다. 하지만 저는 평생 이 도서관에 있는 책 중에서 하루에 한 권씩 50년을 읽어도 2만 권 이상을 읽지 못하고 죽습니다. 그렇게 생각해 보면 안타까울 수밖에 없습니다.

도서관에 좋은 책들이 많습니다. 신앙서적, 교양서적, 자기개발서, 인문고전 등 이루 말할 수 없을 만큼 좋은 책들이 있습니다. 이 모든 것들이 우리 인생에 필요한 양념 같은 역할을 해 줄 것입니다. 다양한 지식과 정보들은 연애할 때 상대와 이야기 나눌 수 있는 재료들이 될 것입니다. 개인적인 목표가 있습니다. 저는 2만 권 이상의 책을 읽는 것이 저의 작은 소망 중에 하나입니다. 이 책을 읽는 독자 여러분, 제가 이 작은 소망이 이룰 수 있도록 기도 부탁드립니다.

남자와 여자의 심리에 관한 책들이 다양하게 나와 있습니다. 그런 책들을 읽어서 남자가 좋아하는 것들, 남자의 특성, 여자가 좋아하는 것들, 여자의 특성들을 알고 연애를 한다면 자가당착에 빠지는 경우가 적어질 것입니다. 사람과 사람의 관계는 오해에서 시작됩니다. 그 오해의 시작은 바로 생각이 달라서일 겁니다. 똑같은 것을 바라보고도 이해하는 시각의 차이가 있어서 엄청난 갈등을 일으킬 수 있습니다. 마치 나비의 날갯짓이 태풍이 되어 올 수도 있는 것과 마찬가지입니다.

연애에 있어서 상대를 알아야 실수도 하지 않습니다. 물론 실수가 있어야 앞으로 나아갈 수 있습니다. 하지만 사소한 실수가 쌓이다 보면 상대방의 기분을 상하게 할 수 있습니다. 먼저 연애의 기본을 시작하기 전에 연애에 있어서 필요한 기본적인 지식 정도는 알고 가는 것이 중요합니다. 남자는 어떤 것을 좋아하는지, 여자는 어떤 것을 좋아하는지를 알아야 합니다. 애인과 쇼핑을 갈 때 남자는 여자가 옷을 고를 때 묵묵히 기다려 주고 다른 옷들도 골라 주어야 합니다. 이런 지식들을 책을 통해서 얻을 수 있습니다. 준비된 사람에게는 기회가 옵니다. 기회가 오기 전에 준비를 하는 것이 최고의 방법입니다.

이러므로 너희도 준비하고 있으라 생각하지 않은 때에 인자가 오리라
(마 24:44, 개역개정).

So you also must be ready, because the Son of Man will come at an hour when you do not expect him(마 24:44, NIV).

그러므로 너희도 준비하고 있어라. 너희가 생각하지도 않는 시각에 인자가 올 것이기 때문이다(마 24:44, 새번역).

준비하는 형제자매 여러분!
좋은 사람이 나타나게 될 것입니다.

 8. 그밖에 연애를 위해서 필요한 것은 무엇이 있나?

이외에 연애에 필요한 것이 무엇이 있을까요?
첫째, 중보기도팀이 필요합니다.
제 연애 경험에 비추어 보면 이것은 정말 필요합니다. 저는 아내와 연애하고 있을 때 비밀이 지켜질 수 있는 중보기도 팀원들이 있

었습니다. 이 소수의 인원들에게 저의 연애 이야기를 들려주고 비밀을 지켜 줄 것을 당부했고, 하나님의 인도하심을 위해 중보해 줄 것을 요청했습니다. 저는 연애 처음부터 끝까지 이 팀원들과 기도해서 결혼에 성공했습니다. 여러분들도 꼭 중보기도 팀을 만드신 후 연애를 하십시오. 어둠의 세력들은 하나님의 귀한 가족이 이루어지는 것을 방해하기 위해 온갖 해코지를 할 것입니다. 이 세력들을 이겨 내기 위해서 노력해야 합니다.

둘째, 연애 시간에 데이트할 수 있는 좋은 장소를 미리 알아 두어야 합니다.

미리 계획성 있게 준비를 해 두어야 상대방도 편안해 합니다. 이것은 물론 형제들이 준비를 해 주면 좋을 것 같습니다. 연애를 이끌어가는 사람이 주로 형제이기에 저는 형제가 준비하기를 추천을 합니다. 준비를 하지 않고 만나서 결정해야 하는 것보다 미리 준비한 후에 자매를 이끄는 형제가 더 매력적으로 느껴질 것입니다. 자매들은 자매들의 의견을 존중해 주는 것도 좋아하지만 때로는 신앙심 있게 이끌어 주는 형제를 좋아합니다.

셋째, 식사 메뉴도 다양하게 알아 두는 것이 좋습니다.

연애 시간에 빠지지 않는 것 중에 하나가 식사입니다. 식사 메뉴를 알아 두지 않게 되면 식사 때마다 여러 가지 곤란한 점이 발생합니다. 아마도 준비 없는 사람으로 오해를 살 수도 있습니다. 동양식,

서양식 등 다양한 메뉴를 먹어본 후 자신의 경험을 이야기해 준다면 상대방은 배려 받는 기분이 들 것입니다. 연애는 배려입니다. 자신의 독단적인 생각을 상대에게 강요하지 않아야 합니다. 상대가 자신이 배려 받고 있다고 느낀다면, 진심으로 믿어 줄 것입니다. 신뢰가 쌓이다 보면 그 사람과 함께하고 싶은 마음이 간절해질 것입니다.

넷째, 연애 시간에 쇼핑을 좋아하는 자매들도 있을 것입니다.
이 시간도 즐거운 시간으로 받아들일 수 있는 포용력을 길러 두는 것이 좋습니다. 물론 사람마다 다를 수는 있습니다. 진심으로 상대와 함께 있는 시간이 즐거울 수 있게 준비를 해 두어야 합니다.

다섯째, 운동을 배우는 것도 좋습니다.
연애할 때 운동을 하면서 더 좋은 감정을 느끼게 됩니다. 왜냐하면 사람은 함께 땀 흘려서 어떤 것을 성취할 때 상대를 소중하게 느끼기 때문입니다. 연애도 체력이 필요합니다. 때론 장시간 걸을 때도 있고 장시간 이야기를 나눌 때도 있습니다. 저희도 장시간 이야기를 많이 나누었습니다. 미래를 위한 신앙 계획, 아이들 계획 등에 대한 이야기를 많이 했습니다. 이럴 때 체력이 바닥이 난다면 장시간의 연애에 있어 힘이 들게 됩니다.

이번 장을 다음 말씀으로 마무리하겠습니다.

항상 기뻐하라

쉬지 말고 기도하라

범사에 감사하라 이것이 그리스도 예수 안에서 너희를 향하신 하나님의 뜻이니라(살전 5:6-18).

Be joyful always;

pray continually;

give thanks in all circumstances, for this is God's will for you in Christ Jesus(살전 5:6-18, NIV).

항상 기뻐하십시오.

끊임없이 기도하십시오.

모든 일에 감사하십시오. 이것이 그리스도 예수 안에서 여러분에게 바라시는 하나님의 뜻입니다(살전 5:6-18, 새번역).

저는 이 말씀이 중요하다고 생각합니다. 여러분들도 이 말씀을 끊임없이 기억하시고 생각하십시오. 그러면 어떤 어려움이 와도 하나님께서 이겨낼 힘을 주실 것입니다. 부디 좋은 준비하셔서 하나님 안에서 행복한 연애를 하시고 결혼하시기를 주님의 이름으로 기도 드립니다.

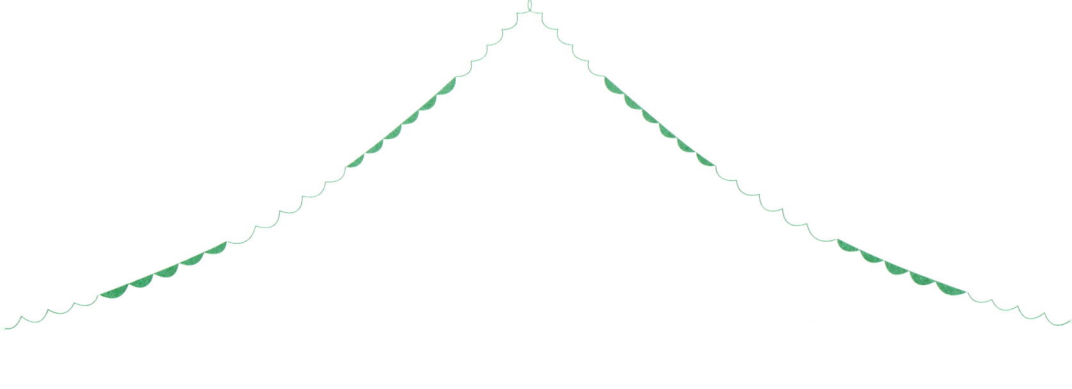

Chapter

2

············

연애 기간

 **1. 첫 만남은 어떻게 해야 하나?**

저희 부부의 첫 만남이 어떻게 이루어졌는지에 대한 얘기로 이 장을 시작하도록 하겠습니다. 저는 주일날 낮 예배를 드린 후에 오후에는 외국인 근로자 교회를 섬기며 오후예배를 드렸습니다. 제가 살고 있는 집 근처에 공단 지역이 있습니다. 그곳에서 근무하는 외국인들이 많습니다. 이 분들에게 복음을 전하고 싶으신 목사님이 계셔서 같이 이 사역에 동참했습니다. 그리고 다시 본교회에 와서 저녁 예배를 마친 후에 집에 돌아갔습니다. 그때 집 방향이 저와 같은 교회 형님(지금은 목사님)과 차 속에서 많은 대화를 나누었습니다. 그 중에 한 주제가 결혼이었습니다.

형님은 자신이 어떻게 결혼을 했는지에 대해 이야기해 주었습니다. 그러면서 그 형님은 이렇게 물었습니다.
"너는 아담이 하와를 어떻게 만났는지 아느냐?"
저는 '그 말이 무슨 말일까?'라고 궁금해하면서 형님에게 물어보았습니다. 자신(형님)이 하와를 만나는데 처음에 많이 힘들어 했고,

하나님이 주시는 만남이 무엇인지 기도하던 중에 어떤 선배로부터 그 기도에 대한 응답이 왔다고 했습니다. 그것은 바로 다음의 말씀으로 시작합니다.

> 21 여호와 하나님이 아담을 깊이 잠들게 하시니 잠들매 그가 그 갈빗대 하나를 취하고 살로 대신 채우시고
>
> 22 여호와 하나님이 아담에게서 취하신 그 갈빗대로 여자를 만드시고 그를 아담에게로 이끌어 오시니
>
> 23 아담이 이르되 이는 내 뼈 중의 뼈요 살 중의 살이라 이것을 남자에게서 취하였은즉 여자라 부르리라 하니라
>
> 24 이러므로 남자가 부모를 떠나 그의 아내와 합하여 둘이 한 몸을 이룰지로다
>
> 25 아담과 그의 아내 두 사람이 벌거벗었으나 부끄러워하지 아니하니라
>
> (창 2:21-25, 개역개정).

> 21 So the LORD God caused the man to fall into a deep sleep; and while he was sleeping, he took one of the man's ribs and closed up the place with flesh.
>
> 22 Then the LORD God made a woman from the rib he had taken out of the man, and he brought her to the man.

23 The man said, "This is now bone of my bones and flesh of my flesh; she shall be called 'woman,' for she was taken out of man."

24 For this reason a man will leave his father and mother and be united to his wife, and they will become one flesh.

25 The man and his wife were both naked, and they felt no shame

(창 2:21-25, NIV).

21 그래서 주 하나님이 그 남자를 깊이 잠들게 하셨다. 그가 잠든 사이에, 주 하나님이 그 남자의 갈빗대 하나를 뽑고, 그 자리는 살로 메우셨다.

22 주 하나님이 남자에게서 뽑아 낸 갈빗대로 여자를 만드시고, 여자를 남자에게로 데리고 오셨다.

23 그 때에 그 남자가 말하였다. "이제야 나타났구나, 이 사람! 뼈도 나의 뼈, 살도 나의 살, 남자에게서 나왔으니 여자라고 부를 것이다."

24 그러므로 남자는 아버지와 어머니를 떠나, 아내와 결합하여 한 몸을 이루는 것이다.

25 남자와 그 아내가 둘 다 벌거벗고 있었으나, 부끄러워하지 않았다

(창 2:21-25, 새번역).

이 말씀은 창세기 2장 21-25절에 나오는 말씀입니다. 그 형님이 이렇게 저에게 물어봤습니다.

"아담이 하와를 어떻게 만났어?

직접 찾아 나선거야?

아니면 하나님께서 이끄신거야?"

저는 다음과 같이 대답했습니다.

"하나님이 이끌어 오셨다고 말씀하셨어요."

그때 형님은 그 말이 맞다고 하셨습니다. 아담은 하와를 직접 찾아 나선 것이 아니라 하나님이 손을 잡고 이끄셨다는 것입니다. 자기도 이 말씀을 보기 전에는 자기가 자매를 찾아다녔고, 그때마다 자매와 번번이 잘 이루어지지 않았다고 고백을 했습니다. 그런데 이 말씀을 믿고 그대로 해 본 결과 자기가 이렇게 아름다운 가정을 이룰 수 있었다고 고백했습니다.

그래서 저는 물었습니다.

"그렇다면 어떻게 하나님이 그 만남을 이끄시는지 알 수 있나요?"

그분의 대답은 이렇습니다.

"결혼 상대자를 위해서 기도할 때 믿음이 있는 분이 자매를 소개해 준다고 하면 만나 봐. 그 사건이 바로 하나님이 주신 신호라고 생각하고 만나 봐."

저는 이 말을 듣는 순간 갑자기 머리가 멍해졌습니다. 어지러웠습니다. 지금까지 저는 남자가 여자를 찾아 나서는 게 맞다고 생각했었는데 이 말씀은 하나님이 하와의 손을 잡고 이끄신다고 표현하는 것이었습니다. 제가 기존에 알고 있던 상식과 정반대를 이야기하고 있었습니다. 하나님의 역사는 인간이 생각하는 방향과 다른 방향일 때가 많다는 것을 경험하는 순간이었습니다.

이 순간부터 저는 생각과 기도의 방향을 바꾸었습니다. 그러나 하루아침에 저의 모든 것이 바뀌지는 않았습니다. 그럴수록 창세기 2장 말씀을 부여잡고 기도하기 시작했습니다. '이제부터는 제가 짝을 선택하지 않고 하나님께서 이끄시는 사람을 만나겠다'고 생각을 바꾸고 기도했습니다. 제가 기도하는 중에 제 주변의 사람이 자매를 소개시켜 준다고 하면 그게 바로 하나님이 주시는 사인이라고 생각하고 만나 보려고 했습니다. 저는 하와를 만드신 하나님을 신뢰하고 또 신뢰했습니다.

창세기 2장 22절 말씀은 저에게 다른 관점과 다른 생각을 하게 했습니다. 저는 기도할 때 '하나님의 관점이 무얼까'를 고민하기 시작했습니다. 그리고 저의 배우자에 대한 기도제목도 조금씩 바뀌기 시작했습니다. 그 사건이 있기 전에는 제가 바라고 원하는 사람을 찾았습니다. 그런데 창세기 2장 22절 말씀에도 언급이 되어 있듯이 제가 결혼할 배우자는 제 갈비를 취해서 만든 귀한 짝이었던 것입니다. 이 생각이 저의 온몸을 감싸는 순간, 갑자기 머리에서 번개가 치는 것 같았습니다.

'아, 그렇구나! 제 짝은 제가 생각하는 것보다 저를 만드신 하나님이 더 잘 아시겠구나!'

다른 말로 표현해 보자면 이런 것이었습니다. 하나님이 저를 만드셨고, 제 배우자도 저의 갈비를 취해서 만드셨다면 제가 바라는 이성의 조건보다 하나님이 생각하시는 조건의 자매가 저에게 더 맞겠다라는 생각이었습니다. 그 후 저는 이렇게 기도를 바꾸었습니다.

"하나님이 저에게 주시는 자매라면 어떤 자매도 '아멘'하고 결혼하겠습니다."

이렇게 기도제목을 바꾸어 기도하기 시작했습니다.

저의 첫 만남은 이렇게 준비되고 있었습니다. 저는 꼭 이 말씀을 드리고 싶습니다. 오직 하나님의 말씀을 붙잡고 기도하십시오. 하나님의 말씀은 살아있습니다.

> 하나님의 말씀은 살아 있고 활력이 있어 좌우에 날선 어떤 검보다도 예리하여 혼과 영과 및 관절과 골수를 찔러 쪼개기까지 하며 또 마음의 생각과 뜻을 판단하나니(히 4:12, 개역개정).

Chapter 2 연애 기간

For the word of God is living and active. Sharper than any double-edged sword, it penetrates even to dividing soul and spirit, joints and marrow; it judges the thoughts and attitudes of the heart (히 4:12, NIV).

하나님의 말씀은 살아 있고 힘이 있어서, 어떤 양날칼보다도 더 날카롭습니다. 그래서, 사람 속을 꿰뚫어 혼과 영을 갈라내고, 관절과 골수를 갈라놓기까지 하며, 마음에 품은 생각과 의도를 밝혀냅니다(히 4:12, 새번역).

하나님의 말씀은 살아있기에 활력이 있고, 날선 어떤 검보다도 예리하여 우리의 혼과 영과 관절 골수를 쪼개고 마음의 생각과 뜻까지 판단한다고 합니다. 저는 이 말씀을 좋아합니다.

사랑하는 형제자매 여러분!
하나님과 성경을 온전히 신뢰하십시오. 하나님께서 말씀하시는 것은 다 이루어집니다. 저는 여러분들의 첫 만남이 저의 첫 만남처럼 준비되어 있기를 기도하겠습니다. 창세기 2장 말씀을 자기의 말씀이라고 믿고 기도하셨으면 좋겠습니다. 그리하시면 여러분 인생에 기적이 일어날 것입니다. 하나님께서 인도하시는 만남이 꼭 있을 것입니다. 세상에서 알 수 없는 평안과 행복이 있는 가정을 이루실 겁니다.

2. 첫 만남은 어떻게 진행되었나?

저는 저의 첫 만남을 위해서 새벽기도의 제단을 쌓아가고 있었습니다. 하나님의 말씀이 제 가슴에 깊이 파고들었던 적은 그 이전에는 없었던 것 같습니다. 저는 그 말씀을 머리와 가슴에 깊이 새기면서 묵상하기 시작했습니다. 나를 만드신 하나님, 내 갈비를 취해 오직 나를 위한 하와를 만드신 하나님을 묵상했습니다. 제 가슴이 벅차올랐습니다. 저는 새벽기도를 나가면서 지난번에 만났던 자매의 거절로 인한 상처를 치유할 수 있었고, 새롭게 시작될 자매에 대한 상상으로 행복한 시간을 보내고 있었습니다.

기도하면서 하나님의 말씀을 신뢰하고 있을 때 자매에 대한 소개가 들어오기 시작했습니다. 그때 여러 명의 자매들을 소개해 준다는 이야기를 들었습니다. 그러나 저는 하나님의 말씀을 저의 말씀으로 믿고 기도할 때 저에게 처음으로 소개된 자매에게 마음이 열렸습니다. 제가 하나님의 말씀을 신뢰한다면, 처음에 소개가 들어온 사람이 저에게 가장 맞는 사람일 거라 생각했습니다. 그 자매님은 저의 교회 전도사님과 다른 교회 장로님이 소개해 준 자매였습니다.

저는 전도사님으로부터 자매에 대해서 많은 것을 물어보지 않았습니다. 물론 자매를 소개시켜 준 장로님께도 많은 것을 묻지 않았습니다. 현재 나이, 이름, 전화번호, 자매의 신앙만을 물어보았습니다. 다른 부분은 하나님께 알려 달라고 기도를 했습니다.

약속한 날을 3일 남겨 둔 어느 날 밤이었습니다. 학교에서 공부를 하고 밤늦게 교회를 들러서 기도를 하고 집으로 향했습니다. 그날 밤 제 꿈에 하나님이 며칠 후에 만나게 될 자매에 대한 환상을 보여 주셨습니다. 얼굴은 잘 보이지 않았습니다. 하지만 환상 속에서 자매의 머리 모양을 보게 하셨습니다. 저는 깜짝 놀라서 잠을 깼습니다. 요셉이 어렸을 때 하나님이 주신 꿈을 꾸고 기억했듯이, 저도 그 꿈을 기억했습니다.

드디어 자매를 만나기로 한 날이 되었습니다. 하나님의 말씀을 믿고 기도하면서 준비한 만남이라 더욱 떨리는 순간이었습니다. 저는 만남의 시간보다 조금 일찍 약속 장소에 나갔습니다. 사진도 없고 오직 자매에 대해서 아는 것은 자매의 이름과 전화번호뿐이었습니다. 저는 자매를 만나기로 한 횡단보도에 앞에 서 있었습니다. 그런데 건너편에 한 명의 자매가 서 있는 것을 보고 성령님께 이렇게 물었습니다.

"성령님, 저 자매가 오늘 제가 만날 자매인가요?"

그런데 성령님의 응답은 "아니다"였습니다. 그래서 저는 더 기다리기로 했습니다. 그리고 또 다른 자매가 왔습니다.

"성령님, 저 자매가 맞습니까?"

"그 자매도 아니다"라는 응답을 주셨습니다. 저는 또 한참 동안을 기다리고 있었습니다. 그리고 세 번째 자매가 나타났습니다.

"저 자매가 맞습니까?"

그때 성령님의 응답은 "맞다"였습니다.

그래서 자매에게 '오늘 만나기로 하신 분 맞습니까?'라고 묻기 위해 다가갔는데 자매의 앞모습을 본 순간 깜짝 놀라게 되었습니다.

왜냐하면 며칠 전 밤에 환상으로 보여준 자매의 머리 모습과 똑같았기 때문입니다. 할렐루야!

그 순간 하나님께 감사를 했습니다.

"하나님, 이렇게 만남을 이끌어 주시네요."

저는 무척 기뻤습니다.

저희는 저녁 식사를 하러 갔습니다. 저는 그때 연애 기간 동안 준비해야 할 것들(제1장 참고)에 대해서 몰랐습니다. 첫 만남에서 사람들은 상추쌈을 먹지 않는다고 합니다. 하지만 저는 첫 만남에 보쌈집에 가서 상추쌈 저녁을 먹었습니다. 잘 몰라서 그런 것을 어찌합니까(^^). 식사를 하는데 자매가 물었습니다.

"식사 후에 무엇을 하실 건가요?"

저는 이렇게 대답했습니다.

"일단 식사하세요. 그리고 제가 모시고 가겠습니다."

자매는 즐겁게 식사를 했습니다. 저희는 저녁을 먹고 나서 과일 주스를 파는 집으로 향했습니다. 왜냐하면 그리스도인 형제자매들은 술을 마실 수 없기 때문입니다. 작은 그네 의자가 있는 곳에서 과일 주스와 함께 3시간 정도 이야기를 나누었습니다. 마음에 맞는 내용도 많아서 좋았습니다. 교제 후에 자매 집 근처까지 데려다 주고 첫 만남을 마무리 지었습니다.

저는 집으로 돌아가는 길에 교회에 들러 기도를 했습니다. 기도의 내용은 이렇게 했습니다.

"하나님, 이 만남이 하나님이 원하시는 만남이면 이 자매와 만남이 잘 될 수 있게 해 주시고 아니시면 하나님이 이 자매와의 만남을 이루어지지 않게 해 주세요."

다음날부터 자매에게 하나님의 말씀과 묵상 내용을 하루에 3번씩 정해진 시간에 꼬박꼬박 보내기 시작했습니다. 물론 이것도 하나님의 감동에 의해서 보내게 되었습니다. 철저히 제 욕심을 내려놓고 하나님이 주신 감동으로 행동했습니다. 하나님의 말씀을 신뢰하고 말씀으로 기도하며 준비되었을 때, 저의 첫 만남에는 성령님의 인도하심이 있었습니다.

사랑하는 형제자매님들!
온전한 하나님의 말씀을 신뢰하고 기도하십시오. SNS와 사람들의 말을 듣는 것보다 백배, 천배 나을 것입니다. 하나님의 말씀으로 준비된 만남은 반드시 하나님께서 지켜 주시고 인도해 주실 것입니다. 저는 그럴 것을 온전히 믿었습니다. 여러분들도 이런 행복한 만남을 준비하셨으면 합니다.

3. 첫 만남 이후?

그 이후로 자매와 저는 두 번째, 세 번째, 네 번째 만남을 가졌습니다. 저는 자매에게 결혼을 전제로 정식으로 사귀어 보고 싶다고 했습니다. 서로 3주 정도 기도해 보고 그 결정 사항을 만나서 이야기해 주었으면 한다고 했습니다.

　드디어 3주간의 시간이 지났습니다. 약속한 장소로 그녀를 만나러 나갔습니다. 이때까지만 해도 교회 형제들에게 자매에 대한 이야기를 하지 않았습니다. 소개시켜 주신 전도사님과 장로님께만 기도 부탁을 드렸고 철저히 하나님께만 기도 드렸습니다. 오직 주님이 이 만남을 이끌어 달라고 기도 드렸습니다. 그래서 저는 편안한 마음을 유지할 수 있었습니다.

　드디어 약속한 장소에 도착하여 자매와 함께 3시간 정도의 이야기를 나누었습니다. 그동안 해 주고 싶었던 이야기들이 많아서 시간이 일찍 흘러갔습니다. 이야기를 다 나누고 헤어지는 순간, 자매로부터 듣고 싶은 이야기를 듣지 않은 것이었습니다. 다행히 자매가 버스를 오르기 전에 대답을 듣지 않았다고 자매에게 물었습니다. 자매님은 수줍게 "더 만나볼게요"라는 승낙의 메시지를 해 주었습니다. 저는 그때 그 순간을 생각하면 지금도 가슴이 두근거립니다. 저와 자매와의 만남이 하나님께서 주신 만남이라고 확신을 하며 조심조심 기도하면서 만남을 유지했습니다.

　지금 시대는 SNS 시대입니다. 편한 부분도 있지만 사람과의 진정한 교제를 힘들게 할 수도 있습니다. 그렇기 때문에 결혼 적령기의 형제자매들 또한 SNS를 통한 교제를 많이 이어 갑니다. 하지만 저는 생각이 다릅니다. SNS를 이용한 교제는 사람과의 만남을 저해할 수 있습니다. 그렇기 때문에 저는 자매에게서 대답을 듣는 것도 직접 듣기를 원했습니다. 메시지나 전화가 아닌 직접 만나서 이야기하자고 했습니다. 왜냐하면 사람은 자주 만나서 대화할 때 진정 그 사람의 모습을 볼 수 있기 때문입니다. 그리고 전화나 메시지는 상대방의 진정한 모습을 알아보기 힘이 들기 때문입니다. 형제자매 여러분들도 직접 만나서 서로를 알아 가는 시간을 가졌으면 합니다.

자매로부터 결혼을 위한 교제 응답을 받고 교제를 시작했습니다. 교제할 때 우리는 오직 하나님께만 집중했습니다. 왜냐하면 우리를 인도해 주신 하나님께서 이 만남을 시종일관 주관해 주심을 믿었기 때문입니다. 연애 시절 저는 박사과정 학생이었고 자매는 취직하여 발령대기 상태였습니다. 둘만의 데이트 장소는 제가 다니는 대학교 도서관이나 가까운 찻집, 그리고 공원이었습니다. 자매님은 캠퍼스 간사를 하고 있었기 때문에 만날 수 있는 시간이 많지 않았습니다. 시간이 지날수록 자매를 생각하는 제 마음은 계속 커져만 갔습니다.

그런데 그때 제가 기도할 때마다 잊지 않았던 것이 있습니다.

그것은 바로 성경 말씀에도 있듯이 "하나님은 사랑이시다"라는 말씀입니다. 저는 무엇보다도 하나님을 사랑하게 해 달라고 기도했고 자매도 하나님 안에서 사랑하게 해 달라고 기도했습니다. 아마도 청년들이 놓치는 것이 이것이 아닌가 싶습니다. 저희는 늘 하나님 안에서 서로를 사랑하게 해 달라고 기도했습니다. 이런 기도는 서로에 대한 욕심보다는 서로를 있는 그대로 사랑하는 법을 배우게 하는 시간이었습니다.

그렇게 두 달 이상 교제를 하면서 서로를 알아 갔습니다. 교제 기간 동안 저희는 매일 편지를 쓰고, 그 편지를 다시 서로에게 돌려주어 하고 싶은 말을 쓰면서 사랑의 감정을 키워 나갔습니다. 결혼을 준비하는 청년들에게 이 방법을 추천해 주고 싶습니다. 다른 어떤 방법보다 서로의 마음과 생각을 알 수 있는 좋은 방법인 것 같습니다. 지금도 우리는 그때의 추억이 담긴 물건을 소중히 보관하고 있습니다. 이 편지를 꺼내서 읽으면 그때의 만남을 회상하게 됩니다.

비록 학생과 캠퍼스 간사라는 신분이었지만 하나님이 인도하시는 만남은 행복했습니다. 자매가 간사이기 때문에 평일에는 시간이 많이 없었습니다. 하지만 그럴 때 저는 이렇게 자매에게 말했습니다.
"단 5분이라도 좋으니 만나게 해 주세요."

그렇게 말하고 만나면 하나님은 자매에게 있던 약속을 펑크가 나게 해서 저와 데이트하는 시간을 만들어 주셨습니다. 그럴 때마다 저는 속으로 "할렐루야!"를 외쳤습니다. 그렇게 조금씩 이슬비에 옷이 젖어가듯 아름다운 사랑을 싹 틔울 수 있었습니다. 그건 오직 하나님께 저희의 연애 시간에 동행해 달라고 기도했기 때문에 가능했으리라고 생각합니다.

4. 상대를 향한 하나님의 새로운 경험의 시간

자매와 연애하던 어느 날 아침 새벽기도를 마치고 대학 시간 강의를 하러 차를 운전하던 중이었습니다. 제 마음 가운데에 성령님이 주시는 음성이 있었습니다.

"지수야! 너는 지금 교제하고 있는 자매가 누구라고 생각하니?"

그때 저는 이렇게 대답했습니다.

"저는 그 사람을 좋은 사람이라고 생각합니다."

하지만 성령님께서 주시는 제 마음속의 감동은 그 이상이었습니다. 바로 이런 말이었습니다.

"네가 내 말을 신뢰하면 그는 바로 너다."

아! 그때 저는 두 번째로 번개가 치는 것 같았습니다. 바로 성경 창세기 2장 22절의 말씀을 잊고 있었던 것이었습니다. 제가 하나님의 말씀을 신뢰하였다면 지금 저와 교제하고 있는 자매는 바로 또 다른 저였던 것입니다. 할렐루야! 하나님은 저에게 깊은 감동을 주셨습니다.

"바로 그 사람은 또 다른 너다"라는 말씀은 자매가 가지고 있는 모든 면은 바로 저의 모습에서 나온 것이라는 의미로 느껴졌습니다. 저는 그때 운전을 하고 있었는데 흐르는 눈물이 제 앞을 가려서 어떻게 운전을 하고 목적지까지 갔는지 알 수가 없을 정도였습니다. 아마도 저 대신 성령님께서 운전대를 잡으셨지 않았나 생각이 듭니다. 제 눈에서는 눈물이 주체할 수 없이 흘러내렸습니다. 그렇게 많은 눈물을 흘린 적이 없었습니다. 하나님은 저에게 자매가 얼마나 소중한지를 알게 하셨습니다. 그리고 저는 하나님의 말씀을 더욱더 신뢰할 수 있었습니다. 그리고 그 사람이 바로 저의 돕는 배필임을 더욱 확신할 수 있었습니다.

그 후로 저는 자매를 바라보는 새로운 눈을 뜰 수 있었습니다. 바로 자매를 있는 그대로 볼 수 있게 된 것입니다. 하마터면 자매의 소중함을 잊어버릴 수도 있었는데 하나님은 시기에 맞게 좋은 것을 주셨습니다. 그 시간에 저의 가슴에 느껴지는 감동을 이 글에 다 담을 수는 없지만 결혼을 준비하는 청년들도 배우자에게 "당신은 또 다른 저입니다"라고 축복해 주고 사랑해 주면 하나님은 무한한 축복을 주실겁니다.

그 감동 이후에 저는 자매가 제 마음에 들지 않을 때마다 하나님이 저에게 주신 그 감동의 순간을 떠올립니다. 그리고 자매님은 하나님이 만드신 소중한 사람이라는 것을 깨닫게 됩니다. 자매가 제 마음에 들지 않는 것은 단지 제 마음에 들지 않을 뿐이었습니다. 참 좋은 경험이었습니다. 그 사람의 장점도 단점도 모든 것들이 다 저에게 나왔기 때문에 자매를 미워하거나 제 마음에 안 든다고 생각하는 것 자체가 저를 욕하는 일이었습니다. 그 이후에 자매가 더욱 아름다웠습니다. 황홀한 경험이었습니다.

> 아담이 이르되 이는 내 뼈 중의 뼈요 살 중의 살이라 이것을 남자에게서 취하였은즉 여자라 부르리라 하니라(창 2:23, 개역개정).
>
> The man said, "This is now bone of my bones and flesh of my flesh; she shall be called 'woman, ' for she was taken out of man"(창 2:23, NIV).

그 때에 그 남자가 말하였다. "이제야 나타났구나, 이 사람! 뼈도 나의 뼈, 살도 나의 살, 남자에게서 나왔으니 여자라고 부를 것이다"(창 2:23, 새번역).

저는 위 성경 말씀을 이 사건으로 간접적으로나마 경험했습니다. 여러분들도 연애하시면서 말씀의 놀라운 힘을 경험하시길 주님의 이름으로 축복합니다. 아담이 말했던 **"이는 내 뼈 중의 뼈요 살 중의 살이라"**를 생각하면 지금도 가슴이 떨립니다. 살며시 제 입가에 미소가 감돕니다. 여러분들도 이런 고백을 할 수 있는 연애 시간을 가지셨으면 합니다.

5. 결혼 예비 학교

저와 자매님에게는 각자 신앙 상담을 해 주시는 멘토(목사님)가 있었습니다. 저희의 연애 시간이 깊어지고 서로의 신뢰의 시간이 쌓여갈 무렵 주변에 계시는 분들에게 소개를 드려야 할 시간이 왔습니다. 저도 저의 멘토이신 목사님께 자매를 소개했습니다. 제 멘토 목사님은 시골에 작은 교회에서 목회를 하셨습니다. 저는 멘토 목사님

교회에 1달에 한 번 정도 예배를 드렸었고, 헌금과 선교헌금도 드렸습니다. 제가 강의 가는 대학교와 가까워서 강의 갈 때마다 연락을 드리면 융숭한 식사 대접을 자주 받았습니다. 물론 교제하는 자매에게도 더 훌륭한 대접을 해 주셨습니다.

자매를 멘토해 주시는 목사님과도 만남을 갖게 되었습니다. 목사님 부부와 저희 커플은 만남을 가졌고, 목사님께서는 저희들을 축복해 주셨습니다. 그리고 더 좋은 것은 목사님 부부가 저희 커플을 위해서 4개월 가량의 예비부부를 위한 결혼 예비 학교를 교육 받을 수 있겠느냐고 제안해 주셨습니다. 목사님께서는 저희 커플에게 기도해 보고 답변해 달라고 하셨습니다. 저희 커플은 좋은 기회를 주신 하나님과 목사님 가정에 깊은 감사를 드렸습니다.

이 교육은 일주일에 한 번씩 4달 동안 12번의 교육을 받았습니다. 참여 대상은 목사님 부부와 저희 커플 이렇게 4명이었습니다. 작은 숙제도 있었고 기도할 것들도 많았습니다. 주일날 오후예배까지 다 마치고 저희 커플을 위해서 주일 저녁 3시간 이상을 섬겨주신 목사님께 진심으로 감사를 드립니다. 커리큘럼은 일반 교회에서 교육하는 커리큘럼과 비슷했습니다. 하나님의 가정 설계도, 성격 차이, 자녀, 아내와 남편의 역할, 성에 관한 이야기 등이었습니다.

목사님 부부의 진실한 경험을 담은 이야기들은 저희 커플에게 도전이었고, 행복한 경험이었습니다. 짧은 4달의 경험이었지만 저희 커플에게 좋은 시간이었습니다. 좋은 가정을 설계할 수 있었고 자녀를 위한 계획도 세울 수 있었으며, 저를 돌아보는 훌륭한 시간이었습니다. 지금도 멘토 목사님들과는 귀한 시간을 가지고 있습니다. 저는 멘토 목사님들 교회를 방문할 때마다 정신적인 고향에 돌아온 것 같은 기분을 느낍니다. 이렇게 제가 느끼는 것은 저에게 좋은 경험이었기 때문일 겁니다.

청년 형제자매 여러분!
좋은 교회 목사님 또는 장로님, 집사님 가정을 통해서 결혼 예비학교 수업을 들었으면 좋겠습니다. 결혼은 끝이 아닙니다. 하나님이 주신 귀한 가정을 만들기 위한 시작의 단추에 불과합니다. 연애 시간은 짧습니다. 하지만 결혼 시간은 깁니다. 연애 기간 동안 행복한 결혼생활을 위한 준비가 필요합니다. 그렇지 않으면 결혼은 환상 속에서만 끝날 수도 있습니다.

결혼 준비가 되지 않고 결혼생활을 시작하면 어려울 때가 많습니다. 어려운 순간을 극복하기 위해서는 서로 간에 신경을 써야 합니다. 그렇지 않으면 누군가의 일방적인 잘못처럼 느껴지고 본인은 잘

못이 없는 것처럼 되어 서로에게 상처로 돌아옵니다. 그렇게 되면 하나님이 태초부터 계획하시고 이루시고자 하는 축복의 가정이 깨져버립니다. 하나님의 가정이 깨지면 어둠의 세력들은 정말 좋아합니다.

저는 이렇게 부탁드리고 싶습니다.
결혼하지 않은 형제자매 여러분!
자기 짝의 조건을 하나님께 구하는 기도보다 상대방을 아프게 할 수 있는 자신의 성격을 고쳐달라고 더 많이 기도했으면 좋겠습니다. 왜냐하면 실제로 결혼생활뿐만이 아니라 연애하는 순간에도 바뀌지 않고 변하지 않은 자신의 모습(성격)이 상대에 대해서 상처를 주는 경우가 더 많기 때문입니다. 우리의 기도제목을 바꾸고, 자신의 성격 때문에 상대방에게 상처를 주지 않았으면 합니다.

매 순간 저희 커플을 향해서 보내 주시는 하나님의 뜨거운 사랑과 격려, 그리고 이끄심을 보면서 하나님이 축복해 주시는 사랑을 경험하게 되었습니다.

청년 형제자매님 여러분!
하나님 안에서 좋은 교제를 했으면 합니다. 예수님의 보혈로 씻김을 받은 형제자매로서 만남의 시간을 가졌으면 좋겠습니다. 하나님 안에서 교제하는 것이 얼마나 아름다운지 맛볼 수 있을 것입니다.

지금의 아내와 교제하면서 저는 서로에 대한 확신이 서기 전까지는 주변의 사람들에게서 철저하게 비밀을 지켰습니다. 혹시도 모를 사탄의 침입으로부터 저희 커플을 보호해 달라고 하나님께 기도했습니다. 저는 이 부분에서도 청년들이 기도를 해야 한다고 봅니다. 서로에 대한 확신이 서고 나서 주변에 알리게 되었고 축복을 받았습니다. 왜냐하면 사람들은 아직까지 많이 부족하기 때문에 서로에 대한 질투도 있을 수 있고 시기도 있을 수 있기 때문입니다. 그렇기 때문에 더욱더 비밀이 보장이 되어야 한다고 봅니다.

청년 형제자매 여러분!
연애 기간 동안 서로를 지켜 주고 보듬어주시기 바랍니다. 자기의 욕심을 내려놓고 상대를 배려하세요. 하지만 가식적인 모습으로는 안 됩니다. 가식적인 모습은 탄로가 나게 되어 있습니다. 정직하게 하나님을 믿는 믿음 안에서 자기의 모습을 주님께 맡기고 나아가세요. 서로의 속사람에 계시는 성령님께서 좋은 시간을 만들어주실 것입니다.

 **6. 서로에 대한 차이 존중하기**

물론 이렇게 서로를 위해서 기도하고 하나님께서 이끄신다고 해도 모든 면에서 그 사람과 닮았고 그 사람과 일치하는 것은 아닙니다. 왜냐하면 형제와 자매는 적어도 서로 다른 가정 환경에서 20-30년 이상 자라며 서로 다른 영향을 받아왔기 때문입니다. 그렇기 때문에 서로 맞지 않는 때가 있습니다. 이때 조심해야 할 것은 바로 서로 다르다고 해서 틀린 것이 아니라는 점입니다. 서로 다른 것은 절대로 틀린 것이 아닙니다. 누가 옳고 그름을 떠나서 서로 연합하여 하나가 되는 것이 훨씬 중요합니다. 그래야 결혼 후에 의견을 모아서 귀한 하나님의 가정을 이룰 수 있습니다.

저는 저희 부부가 모든 면에서 일치하는 줄 알았습니다. 하지만 저는 그러한 생각이 허상이었다는 것을 알게 되었습니다. 그것은 바로 바뀌지 않는 저의 모습 때문이었습니다. 그럴 때마다 하나님이 주신 감동이 떠올랐습니다. '자매가 누구냐?'라는 하나님의 물음이었습니다. 바로 회개했습니다. 하나님은 이렇게 힘들어 할 때를 대비해서 미리 저에게 답을 주신 것입니다. 하나님의 섬세한 그 사랑 때문에 저는 행복할 수 있었습니다. 그리고 나서 저는 자매에게 많은 기대를 하지 않았습니다. 처음에 저도 아내와 제가 맞지 않아, '왜 저 사람은 저렇지?'라는 의문도 들었습니다. 아마도 아내도 저와 같은 마음이었을 것 같습니다.

청년 형제자매 여러분!
꼭 기억하세요. 하나님 안에서 결혼하세요. 하나님 안에서 결혼 배우자를 찾으세요. 그렇게 되기를 기도합니다. 하나님의 역사가 일어날 것입니다. 물론 그렇게 결혼한다고 해서 모든 날이 행복하고 절대로 슬픈 일이 일어나지 않는다는 보장은 없습니다. 하지만 하나님 안에서 결혼하는 편이 세상 밖에서 결혼하는 것보다 훨씬 더 행복해지는 일입니다. 이것은 제가 결혼한 후에 결혼하신 수많은 집사님들께 물어본 결과이기도 합니다.

결혼할 때 배우자 선택에 있어서 결혼할 상대자가 하나님 안에 있는 사람인지에 대한 부분을 선택사항으로 두지 마시기 바랍니다. 선택사항이 아닌 필수사항입니다. 그럴 때 하나님이 기뻐하시는 가정을 이루실 수 있습니다. 부탁드립니다.

결혼하게 되면 꼭 잊지 않아야 할 것이 있습니다. 바로 배우자의 가족입니다. 저 같은 경우에 술, 담배를 하지 않습니다. 그런데 결혼할 배우자의 부모님 중에 아버님이 술이나 담배를 하시거나 술을 많이 드신다면 곤란한 상황이 일어납니다. 그런데 저는 하나님께서 이 모든 것을 해결해 주셨습니다. 할렐루야!

장인어른은 술 때문에 큰 곤란을 겪으셨다고 합니다. 그리고 다시는 술을 입에도 대지 않으셨다고 합니다. 저는 하나님께 감사했습니다. 제가 결혼하고 혹시나 힘들까 봐 그런 부분까지 신경을 써 주시는 하나님. 이것이 바로 하나님의 큰 은혜입니다. 우리를 만드신 분은 하나님이십니다. 그분을 신뢰하는 것이 바로 우리가 편해지는 길이고 행복해지는 길입니다.

연애 시간 동안에도 서로에 대한 차이를 존중해 주시기 바랍니다. 아마도 연애를 오래하는 커플들이 이런 문제에 많이 부딪힐 겁니다. '왜 저 사람은 나와는 다르지?'라고 생각하면 사랑의 감정이 약해집니다.

형제자매 여러분!
서로를 인정하세요. 다른 것은 틀린 것이 아닙니다. 상대는 여러분을 위해 하나님이 만드신 귀한 짝입니다. 다름도 인정하는 멋진 모습을 보여 주시기 바랍니다. 다음은 제가 좋아하는 아가서의 말씀입니다.

나의 사랑 너는 어여쁘고 아무 흠이 없구나(아 4:7, 개역개정).

All beautiful you are, my darling; there is no flaw in you(아 4:7, NIV).

아름답기만 한 그대, 나의 사랑, 흠잡을 데가 하나도 없구나(아 4:7, 새번역).

위 성경 말씀은 하나님이 만드신 귀한 짝은 어여쁘고 아무 흠이 없다고 말씀하고 있습니다. 우리의 생각을 바꾸면 상대방은 흠이 없습니다. 우리의 생각과 행동을 하나님의 말씀으로 꼭 바꾸시길 기도합니다.

7. 정말 소중한 것은 귀하게 온다

   자매와 교제 중일 때 자매님에게 메시지를 보내거나 전화를 걸어도 받지 않을 때가 있었습니다. 처음에는 화가 났습니다.
   '왜 응답이 없을까?'
   '왜 전화를 안 받는 거지?'
   하지만 그것은 제 욕심일 뿐이었습니다. 저는 벌써 제가 좋아하는 대로 그 사람을 이끌고 있었습니다. 이것이 바로 하나님보다 상대방을 먼저 생각하는 것이었습니다. 그래서 그런 생각이 들 때 저는 저를 내려놓는 연습을 했습니다. 즉 저를 내려놓고 기도했습니다. 그럴 때마다 하나님은 평안함을 주셨습니다. 그렇게 교제를 해 나갔더니 지금의 멋진 아내와 결혼할 수 있었습니다.

   자매와 본격적으로 교제하고 싶었을 때 자매가 3주간 생각할 시간을 갖자고 했습니다. 그때 하나님께 열심히 기도했습니다. 자매에 대한 욕심이 커질 무렵 하나님께서는 이런 마음을 주셨습니다.
   '자매가 저와 교제를 못한다고 고백하더라도 하나님이 이 만남을

주셨기에 감사하다.'

 그리고 하나님께서 포기하라는 마음을 저에게 주시지 않았기 때문에 저는 자매를 포기할 수 없다는 강한 자신감을 가졌습니다. 기도할수록 그 마음이 강해졌습니다. 저는 자매가 어떤 모습으로 나오더라도 담담하게 받아들일 수 있었고, 감당할 자신이 있었습니다. 아마도 결혼하게 될 때 자매들은 형제들의 강한 모습을 기대합니다. 세상의 편에서 강함이 아니고 오직 하나님 안에서 강함입니다.

 말씀을 읽으면서 다음과 같이 물었습니다.
 "하나님, 오늘 자매와 만나는데 어떤 나눔을 할까요?"
 그때 저는 한 가지 깨달음이 있었습니다. 그것은 바로 "귀한 것은 귀하게 얻은 노력이 있어야 한다"는 것이었습니다. 배우자는 결혼 이후에 삶을 함께 살아야 할 사람입니다. 제가 사랑하는 자매의 마음을 너무 쉽게 얻게 되면 그 가치를 모를 것 같았습니다. 그래서 자매가 천천히 마음을 열어도 기뻤습니다. 행복했습니다. 왜냐하면 그래야 제가 자매를 더 소중하게 생각할 것 같았기 때문입니다. 이 마음은 하나님이 주신 것이었습니다.

 저는 그 경험 때문에 소중한 것을 소중하게 대우해야 한다는 것을 배울 수 있었습니다. 왜냐하면 소중한 것을 쉽게 얻게 되면 그 가치는 쉽게 잊혀지기 때문입니다. 사람의 마음은 모두 같을 것입니다.

청년 형제자매 여러분!
상대가 마음을 잘 열지 않는다고, 내 마음대로 잘 되지 않는다고 쉽게 포기하지 마십시오. '포기'는 김장할 때 배추 파는 곳에서 찾으십시오. 파이팅입니다.

청년 형제자매 여러분!
여러분의 귀한 시간을 소중한 곳에 쏟아부으십시오. 그래야 소중한 것을 얻을 수 있습니다. 지금 시대는 만남도 쉽고 이별 또한 쉽습니다. 그러나 그것은 아니라고 봅니다. 그렇게 하다 보면 상대방의 소중한 가치를 쉽게 잊어버립니다. 우리가 하나님도 그렇게 대할까 봐 두렵습니다.

형제나 자매에게 한 번 청혼했다고 쉽게 포기해 버리거나 지레 '난 안돼'라는 마음을 먹지 말기를 바랍니다. 그러기 전에 하나님께 기도하고 나아갑시다. 그렇게 된다면 하나님께서 좋은 만남을 주실 것입니다. 우리의 주인이신 하나님을 신뢰하시기를 바랍니다. 오직 그분만이 우리의 모든 것을 책임져 주십니다.

 ## 8. 연애하면서 버려야 할 것들

다음의 것들은 연애하면서 버려야 할 것들도 되지만 결혼 후에도 버려야 할 것들이기도 합니다. 세상에 있는 영화나 TV 드라마에 빠지지 마십시오. 시간 없다고 하면서 인터넷, TV, 잡담을 하면서 몇 시간씩 흘려 보내는 시간이 많습니다. 그렇게 보내다 보면 우리의 인생은 시편의 말씀처럼 덧없이 흘러가 버립니다.

> 우리의 연수가 칠십이요 강건하면 팔십이라도 그 연수의 자랑은 수고와 슬픔뿐이요 신속히 가니 우리가 날아가나이다(시 90:10, 개역개정).

> The length of our days is seventy years-- or eighty, if we have the strength; yet their span is but trouble and sorrow, for they quickly pass, and we fly away(시 90:10, NIV).

> 우리의 연수가 칠십이요 강건하면 팔십이라도, 그 연수의 자랑은 수고와 슬픔뿐이요, 빠르게 지나가니, 마치 날아가는 것 같습니다(시 90:10, 새번역).

옛말에 우리 인생은 화살같이 지나간다는 말도 있습니다. 자기가 깨닫지도 못한 사이에 50대, 70대가 되어 버린다는 이야기입니다. 또한 우리의 인생은 반복적이라고 할 수 있습니다. 아침에 일어나서 씻고, 아침 먹고, 출근하고, 퇴근하는 반복된 생활을 지속합니다. 그래서 인생이 지루한 것처럼 보입니다. 하지만 우리의 인생은 늘 새것입니다. 단지 똑같은 패턴을 거치다 보니 인생을 똑같이 사는 것처럼 느끼게 됩니다.

그러나 단 한 번도 똑같은 시간을 살지 않습니다. 저도 이 사실을 깨닫기까지 오래 걸렸습니다. 그렇기 때문에 우리의 인생은 매 순간이 소중합니다. 단 한 순간도 소중하지 않는 순간은 없습니다. 우리의 인생은 다시 오지 않습니다. 그래서 우리들의 짜투리 시간을 소중하게 생각해야 합니다. 우리의 모든 시간은 소중합니다. 하나님이 주신 귀한 시간을 절대로 낭비하지 마십시오. 얼마나 아까운지 모릅니다. 저도 조금 늦은 나이에 이것을 알게 되었지만, 지금은 시간 낭비를 하지 않으려고 노력합니다.

하루에 조금의 시간을 내면 하나님께 기도할 수 있고 성경을 볼 수 있습니다. 그 작은 시간을 내어서 하나님과 동행하는 하루하루를 만들어 나가십시오. 결혼 배우자로 어떤 사람을 달라고 기도하기 전에 하루하루의 본인의 삶을 건전하고 행복하며 예수님을 닮은 성품으로 살아가다 보면 멋지고 좋은 사람을 하나님은 예비하시고 준비해 주십니다. 저는 하나님의 인도하심과 신실하심을 믿습니다. 꼭 여러분의 하나님을 만나세요.

세상에 있는 형제자매들은 만남의 시간도 짧고 헤어짐의 시간도 짧습니다. 하지만 저는 이런 만남을 반대합니다. 만나고 헤어지게 되면, 바로 또 새로운 만남을 갖기보다 조금의 자숙의 시간이 필요하다고 봅니다. 왜냐하면 헤어지면서 상처를 받았을 것이고, 또한 자신도 상대에게 어떤 상처를 주었을지도 모를 일이기 때문입니다. 이런 것들을 기도하면서 뒤돌아보자는 것입니다. 그러다 보면 본인의 잘못된 부분도 알게 되고 다음 사람에게는 어떻게 잘해 주어야겠구나 하는 부분도 알게 되기 때문입니다. 그런데 이런 시간을 갖지 않고 서둘러 또 다른 만남을 가지게 되면 이전과 같은 만남만 되풀이됩니다.

그래서 꼭 혼자 있는 시간을 가져야 합니다. 그때 비로소 하나님을 더 가까이 알게 되고 깊이 만날 수 있게 됩니다. 그 시간을 통해서 하나님이 주시는 치유를 느낄 수 있습니다. 저도 그런 시간을 가졌습니다. 조용히 묵상하면서 생각해 보았습니다.

'그 자매와 내가 어떤 점이 부족했었나?'

'다른 자매를 만났을 때는 어떻게 대하는 게 좋을까?'

그렇게 자기 반성을 하다 보니 조금은 나아짐을 느꼈습니다. 자매에게 어떻게 대하여야 하는지, 내가 무슨 약한 점 또는 좋은 점이 있는지도 알게 되었습니다. 꼭 헤어지고 나서 자숙의 시간을 가졌으면 좋겠습니다. 자숙의 시간을 가지다 보면 본인이 많이 성숙해져 있고 하나님과 더 큰 만남의 시간도 가질 수 있을 것이라고 봅니다.

9. 연애하면서 꼭 해 보면 좋은 일들

교제할 때 편지를 자주 써 보라고 권해드리고 싶습니다. 손으로 편지를 쓰다 보면 상대방의 좋은 점과 인내하는 것을 배우게 됩니다. 저희는 거의 매일 편지를 썼던 기억이 납니다. 참 좋은 방법인 것 같습니다. 그리고 같이 산을 올라보세요. 그러다 보면 상대방의 체력도 알 수 있고 자연히 손을 잡아줄 시간도 있고 서로 도울 수 있는 시간이 많이 생깁니다. 저희도 결혼 전에 등산을 했던 기억이 있습니다. 그 시간 동안 자매 손을 잡고 높은 곳에 오르면서 서로의 호흡을 맞추었던 기억이 있습니다.

  앞서 말씀드렸던 결혼 예비 학교 교육을 꼭 받으시기 바랍니다. 4달 동안 매주 주일 저녁 때 저희 커플과 함께 가족, 말씀, 사랑, 성, 자녀 양육, 순종 등 다양한 주제에 대해서 나누었습니다. 그 시간이 있었기에 저희는 많은 것을 배울 수 있었습니다. 그래서 결혼은 끝이 아니고 시작이라는 것도 알 수 있었습니다. 아마 그 교육 때문에 저희는 더 많은 생각과 준비를 할 수 있었던 것 같습니다. 청년 형제자매님들 모두에게 권합니다. 주변에 결혼에 관한 예비 학교가 있다면 꼭 참여하시기 바랍니다. 거기서 우리는 또 많은 것을 배울 수 있게 됩니다.

  그리고 다양한 책을 접하기를 바랍니다. 결혼은 현실입니다. 절대로 낭만과 이상이 아닙니다. 형제는 자매를 알아야 하고 자매는 형제를 알아야 합니다. 서로 어떻게 생각을 하고 어떤 고민을 하는지, 어떤 방법으로 대화를 하는지를 알아야 합니다. 그렇지 않으면 서로 싸우는 시간이 많아집니다. 원칙적으로 남자와 여자는 뇌의 구조가 다릅니다. 그것을 이해하지 못하면 상대방을 오해하는 경우가 많습니다. 추천하고 싶은 책은 『생각의 지도』입니다. 이 책에서는 동양인과 서양인의 뇌의 차이점에 대해서 말합니다. 『화성에서 온 남자

금성에서 온 여자』도 좋은 책입니다.

　우리는 서로를 몰라서 호기심이 가기도 하지만, 서로를 몰라서 답답할 때도 많습니다. 그렇기에 서로를 아는 시간이 필수적입니다. 또한 서로를 이해하는 시간이 필요합니다. 만약 이해할 수 없다면 기도를 하시라고 추천 드립니다. 왜냐하면 '하나님이 나 같은 사람도 용서하고 사랑하시는데 어떻게 나는 다른 사람을 이해할 수 없고 사랑할 수 없는가'를 생각해 볼 수 있기 때문입니다. 사람은 늘 자기중심적입니다. 그것을 벗어났다면 그 사람은 성인(聖人)일 것입니다.

　저도 늘 자기중심적이었습니다. 그런데 하나님을 만나고 나서부터 자기중심적인 부분을 하나씩 하나씩 깨 나가고 있습니다. 지금도 싸우고 있습니다. 절대로 변하지 않는 제 모습 때문에 기도합니다. 그 부분 때문에 하나님을 가리우지 않게 해 달라고 기도합니다. 형제자매 여러분들도 그러실 겁니다.

　자기중심적인 생각이 하나님 중심적인 생각으로 바뀔 때 우리는 하나님적인 생각을 가질 수 있습니다. 하나님적인 생각은 바로 상대방을 이해하고 배려하는 것입니다. 하나님 안에서 상대방을 이해하고 배려합니다. 이것은 놓쳐서는 안 될 중요한 요소, 타협할 수 없는 요소입니다. 이 기준을 넘기면 안 됩니다. 제일 중요한 일이니 절대로 잊어버리면 안 됩니다.

좋은 신앙서적이 많습니다. 그 서적들을 통해서 신앙에 도움을 많이 받을 수 있습니다. 물론 저는 지금도 책과 함께 살고 있습니다. 사람에게 시간은 한정적입니다. 이점을 절대로 놓쳐서는 안 됩니다. 시간은 절대로 두 번 다시 오지 않습니다. 저도 결혼 전에 많은 시간을 흘려보낸 적이 있습니다. 하지만 시간의 소중함과 내 인생의 시간이 한정적이라는 것을 깊이 느낀 후에 잠시도 시간을 손해 보고 싶은 마음이 없어졌습니다. 여러분들도 시간에 대한 깊은 묵상을 해보신 후, 앞으로 어떻게 살아야 할까에 대해서 깊은 나눔이 있기를 바랍니다.

자매와 같이 새벽기도를 나갔던 기억이 있습니다. 결혼을 약속하고 나서 저희는 새벽기도를 같이 나갔습니다. 기분이 매우 좋았습니다. 행복한 순간이었습니다. 서로 한 믿음을 가지고 한 마음으로 하나님의 가정을 만든다는 것이 꿈만 같았습니다.

요즘 청년들은 새벽기도를 다닐 시간이 없다고들 합니다. 하지만 이것은 핑계입니다. 늦게까지 TV를 보거나 불필요한 시간을 갖는 것 대신에 일찍 잠이 들면 새벽기도를 갈 시간이 충분히 확보됩니다. 저도 제 인생에 대한 깨달음이 있기 전까지 새벽기도 시간의 중요성을 몰랐습니다. 하지만 기도의 중요성을 알고 난 후에 기도의 시간을 가집니다. 여러분들도 하나님과 동행하는 기도의 시간을 가지세요. 새벽기도를 하면 새로운 경험을 하실 수 있습니다.

하나님 안에서 좋은 교제의 시간을 가지십시오. 서로의 마음에 확신이 설 때까지 다른 사람들에게 교제를 공개하지 마시고 커플을 위해서 기도해 주실 수 있는 몇 분에게만 중보기도를 부탁하며 교제를 하십시오. 하나님이 세우시는 축복의 가정을 깨트리기 위해 사탄은 호시탐탐 노립니다. 기억하세요. 저는 결혼 약속을 하기 전까지는 교회 공동체에서도 비밀로 했었고 기도만 부탁했습니다. 사랑하는 형제자매 여러분, 하나님께 기도하면서 좋은 교제를 하시기 바랍니다.

제가 추천하는 것은 편지 쓰기, 결혼 예비 학교 교육받기, 독서, 새벽기도 같이 나가기, 중보기도 팀 만들기입니다. 꼭 실천해 보시기 바랍니다. 좋은 결과들이 있을 겁니다.

 ## 10. 만남, 이별 그리고 그 후!

　우리의 삶에는 만남과 이별은 빈번이 일어나는 현상입니다. 만남 후에 이별에 대처하는 것 또한 중요한 일입니다. 만남은 잘 하였지만 이별을 잘 하지 못하면 다음에 만남을 하고 이별하기가 힘이 듭니다. 연애를 하다 보면 이별도 있을 수 있습니다. 이별을 두려워해서 잘못된 만남을 계속 이어나가는 것도 좋은 일이 아닙니다. 이번 글에서는 이별을 어떻게 해야 하고 이별 후에 어떤 식으로 지내야 하는가를 이야기 하고자 합니다.

　사람은 자기 의지대로 성장한 시간이 많아 자아가 강합니다. 또한 자아를 이겨 내기에 인간은 매우 약합니다. 그렇기에 인간은 자기 합리화를 잘합니다. 다른 말로 표현하자면 자기에게는 관대하고 남에게는 냉정합니다. 연애 기간 동안 자신의 욕심을 내려놓고 만남을 이어 가면 성령님의 인도하심에 따라서 좋은 결과를 가져옵니다. 하지만 하나님이 주신 인연이 아니라면 이별도 하나님이 주신 시간이라고 볼 수 있습니다.

이별의 시간도 남자와 여자가 다르게 받아들입니다. 남자는 일 중심적입니다. 그래서 여자들이 하는 이야기들을 잘 이해하지 못합니다. 여자가 헤어지자는 말을 할 때까지 남자들은 여자를 이해하지 못합니다. 그러나 여자는 관계 중심적이기 때문에 남자와는 다른 양상을 보입니다. 감정적인 공유를 많이 해줘야 한다는 뜻입니다. 남자와 여자의 다툼의 시작과 끝은 거의 말로 시작해서 말로 끝이 납니다. 한마디 말로 싸움이 시작되고 한마디 말로 싸움이 끝나기도 합니다. 그만큼 우리가 하는 말은 매우 중요합니다.

성경에서도 말에 대한 중요성을 자주 언급하기도 합니다. 우리는 또한 사랑과 정을 혼동합니다. 제가 보는 관점에서 사랑과 정은 매우 다릅니다. 사랑은 상대에 대한 행복한 감정입니다. 정은 그 사람을 사랑하기보다는 가엽게 보는 감정이라고 할 수 있습니다. 연애할 때 사랑의 감정과 정으로서의 감정을 오해하면 안 됩니다. 꼭 하나님께 기도하면서 확인하시기 바랍니다.

헤어지고 난 후에 자기 반성의 시간을 가졌으면 합니다. 왜냐하면 연애 시간 동안 내가 어떤 점이 부족하였고 어떤 상처가 있었는가를 알고 다음 만남을 준비한다면, 다음 만남에는 좋은 만남으로 이어질 것입니다. 그렇지 않으면 나 자신을 조우할 시간이 없고 다음에도 똑같은 과정을 되풀이하기 때문입니다. 하나님께 기도하면서 자신을 만나는 시간을 가졌으면 좋겠습니다.

Chapter

···········

결혼 준비, 결혼식 그리고 신혼여행

1. 프로포즈의 의미

저희 커플이 사귄 지가 6개월이 넘어 갈 무렵 저는 결혼에 대한 확신이 서서 자매에게 청혼(프로포즈)을 해야겠다고 마음을 먹었습니다. 저도 처음에 '프로포즈를 해야 할까? 하지 말까?'를 고민했습니다. 하지만 결혼하는 상대방에게는 형식도 중요하다고 생각했습니다. 상대를 배려하는 마음도 중요한 것이니까요. 저만 생각했다면 안 할 수도 있는 일인데, 저와 같이 남은 생을 같이 하기로 한 사람에 대한 배려를 해야 했기에 프로포즈를 했습니다. 왜냐하면 사랑은 상대를 배려하는 것도 중요하기 때문입니다.

제 아내에게 프로포즈 할 때 어떤 공간을 전체로 대여한다거나 대형간판을 대여하여 프로포즈를 하지 않았습니다. 학생들이 도움을 주어 아내에게 프로포즈를 할 수 있었습니다. 학생들이 준비해 준 케익과 꽃다발을 가지고 커피숍에서 프로포즈를 했습니다.

이때의 심정은 이루 말할 수 없었습니다. 아내를 만나기 전부터 환경을 이끌어 주시던 하나님이 느껴져서 눈물이 났습니다. 어떻게 제 자신을 준비시키셨는지와 그 이전의 모습까지 생각나게 하셨습니다. 제가 태어났을 때부터 시작해서 자라 온 순간이 영화의 장면처럼 계속 지나갔습니다. 그 순간이 짧았지만 매우 많은 것이 떠올랐습니다.

프로포즈 후 자매의 대답은 짧지만 강했습니다. 승낙을 해 준 것이지요. 그때의 기분은 표현할 수 없었습니다. 하나님께 감사를 드렸습니다. 하나님이 원하는 축복된 가정을 이룰 수 있게 된 것입니다.

제가 결혼이라는 전 과정을 거친 후에야 결혼이 쉽지 않다는 것을 알게 되었습니다. 결혼하신 분들이 존경스럽게 여겨졌습니다. 소설 『어린왕자』에 나오는 말처럼 사람이 사람의 마음을 얻는 게 어려웠던 것입니다.

사랑하는 형제자매 여러분!
여러분의 곁에 계신 분들은 하나님께서 태초에 지으시고 자라게 한 분들입니다. 아름다운 눈과 마음으로 바라보시고 섬겨주시기 바랍니다. 하나님은 그분들을 지으신 후에 다음과 같이 말씀하셨습니다.

하나님이 지으신 그 모든 것을 보시니 보시기에 심히 좋았더라 저녁이 되고 아침이 되니 이는 여섯째 날이니라(창 1:31, 개역개정).

God saw all that he had made, and it was very good. And there was evening, and there was morning--the sixth day(창 1:31, NIV).

하나님이 손수 만드신 모든 것을 보시니, 보시기에 참 좋았다. 저녁이 되고 아침이 되니, 엿샛날이 지났다(창 1:31, 새번역).

제가 생각하는 프로포즈의 의미는 다음과 같습니다.

첫째, 귀한 하나님의 나라의 확장의 시작이라고 볼 수 있겠습니다.
다른 말로 표현하면 아담과 하와를 통해서 만들고자 한 가정 천국의 시작이라고 할 수 있습니다.

둘째, 프로포즈는 끝이 아닌 시작이라고 할 수 있습니다.
이제 진짜 천국에 들어가기 위한 큰 발걸음을 뗀 것 입니다. 보통 남자들은 낚시에서 잡은 고기에게는 밥을 주지 않는다고 합니다. 하지만 그리스도인들은 이런 생각을 버려야 한다고 생각합니다. 형제자매 모두는 하나님이 주신 자신의 돕는 배필을 위해 최선을 다해야 합니다. 이때부터 인격의 완성이 시작입니다. 인생의 먼 미래의 여정을 가는 첫 걸음을 떼는 것입니다. 정신줄을 놓는 것이 아니라 바짝 차려야 합니다. 정신줄을 놓는 순간 어둠의 세력에게 자신과 집을 내어주는 꼴이 됩니다. 다음의 말씀으로 무장을 하고 나아가세요.

> 13 그러므로 하나님의 전신 갑주를 취하라 이는 악한 날에 너희가 능히 대적하고 모든 일을 행한 후에 서기 위함이라
>
> 14 그런즉 서서 진리로 너희 허리 띠를 띠고 의의 호심경을 붙이고
>
> 15 평안의 복음이 준비한 것으로 신을 신고
>
> 16 모든 것 위에 믿음의 방패를 가지고 이로써 능히 악한 자의 모든 불화살을 소멸하고
>
> 17 구원의 투구와 성령의 검 곧 하나님의 말씀을 가지라(엡 6:13-17, 개역개정).

> 13 Therefore put on the full armor of God, so that when the day of evil comes, you may be able to stand your ground, and after you have done everything, to stand.
>
> 14 Stand firm then, with the belt of truth buckled around your waist, with the breastplate of righteousness in place,
>
> 15 and with your feet fitted with the readiness that comes from the gospel of peace.

16 In addition to all this, take up the shield of faith, with which you can extinguish all the flaming arrows of the evil one.

17 Take the helmet of salvation and the sword of the Spirit, which is the word of God(엡 6:13-17, NIV).

13 그러므로 하나님이 주시는 무기로 완전히 무장하십시오. 그래야만 여러분이 악한 날에 이 적대자들을 대항할 수 있으며 모든 일을 끝낸 뒤에 설 수 있을 것입니다.

14 그러므로 여러분은 진리의 허리띠로 허리를 동이고 정의의 가슴막이로 가슴을 가리고 버티어 서십시오.

15 발에는 평화의 복음을 전할 차비를 하십시오.

16 이 모든 것에 더하여 믿음의 방패를 손에 드십시오. 그것으로써 여러분은 악한 자가 쏘는 모든 불화살을 막아 꺼버릴 수 있을 것입니다.

17 그리고 구원의 투구를 받고 성령의 검 곧 하나님의 말씀을 받으십시오(엡 6:13-17, 새번역).

2. 진정 사랑한다는 것은 무엇일까?

이 주제는 "사랑이라는 것은 무엇일까?"라는 물음으로 시작해 보겠습니다. 연애나 사랑을 하다 보면 감정의 문제 때문에 혼란스러울 때가 있습니다. 그건 '자존심이냐, 자존감이냐?' 하는 문제로 볼 수 있습니다. 왜냐하면 커플의 싸움의 발단 원인이 자존심과 자존감을 구분하지 못하는 데 있기 때문입니다.

이는 자신의 상처와도 깊은 관계가 있습니다. 우리가 진정 사랑할 때 필요한 것은 자존심이 아니라 자존감입니다. 자존심은 자신을 망치는 큰 요인입니다. 어쩌면 자신에게 있어서 바뀌지 않는 바위와도 같은 것입니다. 이 바위 때문에 연애를 망칠 수도 있고 자신을 망칠 수도 있습니다. 그것보다 중요한 것은 바로 자존감입니다.

백과사전(다음)은 자존심을 다음과 같이 정의하고 있습니다.

자존심: 남에게 굽히지 않고 자신의 몸가짐을 스스로 높이고 지키는 마음.

이는 다른 말로 표현하면 남에게 인정받고 싶은 욕구라고 할 수 있습니다. 반면에 자존감에 대해서는 다음과 같이 정의하고 있습니다.

자존감: 자신을 존중하고 사랑하는 마음.

이를 다른 말로 표현하면 나의 있는 그대로를 사랑할 수 있는 마음이라고 할 수 있습니다.

이 두 단어의 차이는 확연하다고 할 수 있습니다.
우리가 연애하고 사랑하는 것이 남에게 인정받고 싶어서인가요?
그건 아니라고 봅니다. 하나님 안에서 사랑하고 연애하는 것은 남에게 인정받고 싶어서가 아닙니다.

우리에게 필요한 것은 자존심이 아니라 자존감입니다. 자신을 있는 그대로 받아들이고 사랑해 주는 것입니다. 이 자존감을 높여야 합니다. 남에게 인정받고 싶은 욕구가 커지다 보면 우리는 남의 눈을 의식하게 되고 남의 눈높이에 맞춰서 우리의 삶을 살아가게 됩니다. 그렇게 되면 자신의 삶은 없어집니다. 즉 남의 인생을 살게 됩니다. 다른 말로 표현하면 자신이 없어지게 되는 것입니다. 이것은 바로 우리 안의 상처 때문입니다. 바로 거절 감정입니다.

제가 상담했던 내용을 잠깐 얘기해 보겠습니다. 형제와 자매가 사 권 지는 6개월 정도 되었습니다. 그런데 이 두 커플들은 자주 싸웠 습니다. 그런데 어제는 형제가 헤어지자고 했다고 합니다. 그리고 그 이유를 물어보니 다음과 같았습니다.

그 형제는 천주교 교인입니다. 천주교에서는 대부, 대모 제도가 있습니다. 이 형제도 어느 누군가의 대부가 되어 주었습니다. 그런데 이번 주일에 자기와 대부 관계를 맺은 아이에게 특별한 의식이 있어서 축하해 주러 가야 한다고 했다고 합니다. 자존감이 높은 사람들은 그런 좋은 일이라면 잘 갔다 오라고 이야기를 한다거나 자기도 같이 가면 안 되냐고 물어보는 것이 사랑이라고 생각합니다. 그런데 그 형제와 사귄 자매는 형제에게 잘 다녀오라는 말이나 자기도 데리고 가면 안되냐는 말을 못하겠다고 합니다. 왜 그러냐고 했더니, 자존심이 상하기 때문이라고 합니다.

물론 그 자매의 마음이 이해가 안되는 것도 아닙니다. 사람에겐 자존심이 자신을 지키는 마지막 보루일 수도 있으니까요. 또한 거절 감정 때문에 상처받기 싫은 마음이 강할 수도 있습니다. 하지만 사랑한다고 하면서 자존심을 내세워서 상대의 가슴에 비수를 꽂거나 아프게 하는 것은 하지 않아야 합니다.

바로 위에서 말한 것처럼 우리는 아주 작거나 큰 마음의 상처(트라우마)들을 가지고 살아갑니다. 우리는 자신의 자존심에 상처를 입었다고 느꼈을 경우에 바로 발동하는 기제를 가지고 있습니다. 이때는 자신의 무의식의 기제가 작동하는 것입니다. 제가 말씀드리고 싶은 것은 바로 이때 하나님의 말씀으로 무장을 하고 있어야 한다는 것입니다. 그래야 자신을 하나님께 내어드리고, 그런 감정이 느껴지더라도 그것을 인정하며, 다시 좋은 감정으로 회복될 수 있는 것입니다. 자존감이 높은 사람들은 이때 회복의 시간이 빠릅니다. 저는 진정한 사랑은 바로 배려와 이해라고 생각합니다.

사랑하는 연인에게 자존심을 내세우기보다 자신의 자존감을 높여서 상대에게 좋은 사람이 되는 노력을 했으면 합니다. 이제부터는 자존심 대결이 아닌 자신을 사랑하고 인정하고 받아들이는 멋진 그리스도인이 되시길 기도합니다.

 3. 양가 상견례는 어떻게 해야 하나?

    자매에게 프로포즈를 한 후에 자매의 부모님께 결혼 허락을 맡기 위해 찾아뵈었습니다. 그런데 그날 장인어른이 저와 자매 그리고 장모님까지 처갓집 근처에 있는 높은 산을 오르게 했습니다. 그날 장인어른은 저의 체력을 보신 것 같습니다. 그때도 얼마나 떨리던지 많은 기도를 하고 갔습니다. 그런데 다시 생각해 보면 등산을 했던 것도 하나님이 준비하신 일이라고 믿습니다. 6시간 이상 등산을 하고 내려오는 길에 장인어른 옆에 앉아 "저희 결혼을 허락해 주십시오"라고 말씀을 드렸습니다. 장인어른은 "잘 살아라"라고 말씀을 해주셨습니다. 그 말씀은 저에게 단비와 같았습니다. 그리고 하나님께 진실하게 감사의 기도를 드렸습니다.

    그렇게 자매의 부모님에게 결혼 승낙을 얻고 저희 어머니에게 자매를 소개했습니다. 저희 어머니는 매우 흡족해하셨습니다. 또한 저의 가장 큰 신앙의 동지인 큰누나도 행복해했습니다. 이때 제 기쁨은 이루 말할 수 없었습니다. 그리고 나서 이제 양가 상견례를 잡는 일이 남았습니다.

　주변에 계시는 분들에게 좋은 식당을 소개받고 양쪽 집안 어르신들과 형제자매들을 한자리에 만나게 하는 자리라 쉽지 않은 시간이었습니다. 저희는 도시에 있는 식당보다는 경치 좋은 도시 외곽의 식당에서 자리를 예약하였고 양가 식구들을 만나게 했습니다. 이 자리가 쉽지는 않았지만 하나님의 인도하심을 믿고 기도하면서 자리를 준비했습니다. 그래서 그런지 자리는 어려웠지만 잘 진행되었습니다.

　양가 모두 결혼 허락을 받고 결혼식 날짜와 결혼 준비는 저희에게 일임을 해 주셨습니다. 세상에서라면 결혼식 날짜를 잡기 위해 점집을 찾아가기도 합니다. 하지만 저희는 기도하면서 준비했습니다. 기도할 때 가장 좋은 날짜를 하나님께서 잡을 수 있게 하셨습니다. 결혼식 날짜를 잡고 나자 '이제 정말 결혼하는구나' 하는 생각에 하늘에 붕 떠있는 기분을 느꼈습니다. 처음이자 마지막인 결혼을 후회하지 않으려면 많은 기도가 필요합니다. 실제 제가 글로 적는 것보다 더 아슬아슬하고 짜릿할 때가 있었습니다. 하지만 매우 중요한 것은 그 가운데 하나님이 계셔야 한다는 것입니다.

결혼에 앞서 양가 상견례는 형식이지만 그래도 중요한 일인 것 같아 적어 보았습니다. 하나님께 기도하고 준비하신다면 이 또한 잘 해내실 거라 믿습니다.

4. 양가 상견례 후 결혼 진행 절차에는 어떤 것들이 있나?

양가에서 결혼에 대한 동의를 얻은 후에 저희는 결혼에 대한 준비를 해 나갔습니다. 결혼하기 위해서는 금전적인 부분이 큰 부분을 차지합니다. 돈을 많이 사용하여 빛깔 좋은 결혼식을 하는 방법과 적은 돈이지만 매우 알차게 사용하여 결혼식을 하는 방법이 있습니다. 저희는 후자를 선택하기로 결정했습니다.

첫째, 결혼식장을 선택하는 것입니다.

이 부분에서 결혼식 비용이 많이 들어갑니다. 저희는 결혼식장을 제가 출석하던 교회에서 하기로 결정하고, 담임목사님께 사용 가능 여부를 여쭈어 보았습니다. 다행히도 출석하는 교회에서 허락해 주셨습니다. 이로 인해 결혼식장 비용을 줄일 수 있게 되었습니다.

둘째, 결혼식 대행업체를 알아보는 것이 필요합니다.

이는 교회에서 결혼을 하게 되면 교회 예배당에 준비를 해야 하기 때문입니다. 그리고 웨딩 사진도 찍어야 하기 때문입니다. 다행히도 아는 분을 통해서 가장 저렴한 대행업체를 소개 받았습니다. 이로 인해 결혼 비용을 최소한으로 줄일 수 있었고, 웨딩 사진도 최소한의 비용으로 촬영할 수 있었습니다.

셋째, 하객들에 대한 식사 준비입니다.

저희는 다행히 교회 식당에서 일하시는 집사님께서 준비해 주셔서 저렴한 가격이었지만 비싼 외식 식당에 버금가는 식사를 대접할 수 있었습니다. 이 모든 것이 하나님께서 준비해 주신 기적의 사건이었습니다.

넷째, 부부가 살게 될 신혼집입니다.

이 부분이 가장 돈이 많이 필요한 영역입니다. 집을 사느냐, 전세냐, 월세냐, 크기는 얼마냐, 도시냐, 시골이냐에 따라서 금액의 차이는 엄청나게 차이가 납니다. 저희는 하나님께서 때에 맞는 물질의 복을 주셨고, 집안 식구들의 도움으로 결혼 전에 미리 작은 신혼집을 마련할 수 있었습니다. 다행히 저에게는 집이 있어 결혼에 대한 부담이 없었던 것 같습니다.

아마 결혼을 바로 코앞에 둔 분들은 이 부분이 제일 고민이 될 것입니다. 그런데 자기의 상황에 맞게 선택하시는 것이 가장 좋은 방법일 것입니다. 큰 집을 가지고도 행복할 수 없다면 그것은 자기의 옷이 아닌 것입니다. 결혼하게 될 부부에 맞는 집을 선택하시면 좋을 듯 싶습니다.

그리고 아이를 많이 낳으실 분들이라면 되도록 1층을 구하는 것을 추천드립니다. 왜냐하면 결혼 후 아이를 낳을 텐데, 아이들은 뛰어다니는게 본능이기 때문입니다. 그러다 보니 아래층과 층간 소음으로 다투거나 아이들에게 나무라는 경우가 허다합니다. 이런 불편함을 피하기 위해서는 아래층이 없는 1층이 아이들 키우는 장소로 가장 좋습니다. 물론 약간의 불편함은 있습니다. 하지만 불편함보다는 얻는 이익이 더 많습니다.

다섯째, 신혼집에 들어갈 물건들입니다.
이 부분이 상당히 많은 고민이 필요합니다. 가전제품(냉장고, 세탁기, 전기밥솥, 진공청소기 또는 물청소기), 식기, 침구류 등 구입할 것이 산더미처럼 늘어나게 됩니다. 이 모든 것들을 시간과 계획을 세우지 않으면 힘이 듭니다. 결혼식 날짜를 잡고 나서 연인들끼리 많이 싸우는 시간이 바로 이 때입니다. 결혼할 때 준비해야 하는 물건들이 왜 그렇게 많은지, 그리고 준비 시간은 왜 그렇게 촉박한지, 그 시간을 맞추느라 힘이 듭니다.

결혼한 제가 드리고 싶은 조언은 이렇습니다. 꼭 필요한 물건은 고급스럽지는 않지만 오래 쓸 수 있는 물건을 구입했으면 합니다. 처음에 싸다고 사지 말고 조금 더 고민해 보시고 구입하시기 바랍니다. 그렇지 않으면 얼마 지나지 않아 다시 사야 하는 일이 발생할 수 있습니다. 저희도 그런 경우가 많았습니다.

여섯째, 청첩장입니다.
청첩장을 만들고 그 청첩장을 돌리니 사람들에게서 오는 축하로 인해 행복했습니다. 그 시간들을 되돌아서 생각해 보면 소중한 순간들이었습니다. '결혼이라는 것이 이렇게 좋은 것이구나'라는 생각이 들었습니다.

결혼식 일주일을 남겨두고 저희에게도 약간의 잡음이 있긴 했습니다. 바로 양가에 보내는 작은 선물 때문이었습니다. 하지만 이것도 시간이 지나니 아름다운 추억이었습니다. 준비할 때 전혀 힘이 들지 않는다는 것은 거짓말인 것 같습니다. 하지만 어려운 순간이 돌아오더라도 서로에 대한 믿음과 기도로써 준비해 나간다면 충분히 즐겁고 행복하게 이겨낼 수 있으리라고 봅니다. 하나님을 온전히 신뢰한다고 어려움이 없는 것은 아닙니다. 그럼에도 불구하고 하나님은 우리 모두를 사랑하신다는 것을 잊지 않으면 어려운 순간까지도 감사할 수 있습니다.

일곱째, 결혼할 때 꼭 구입하지 않아도 될 전자제품을 말하고 싶습니다.

그것은 바로 TV라고 봅니다. 이것은 꼭 구입하지 않았으면 합니다. TV가 없다면 서로에게 이야기할 시간과 서로에게 신경써 줄 시간이 많아집니다. 그렇지 않으면 TV 때문에 서로를 알아갈 시간도 부족해지며 서로의 정신을 TV에 빼앗겨 버릴지 모릅니다. 저희 집은 제가 결혼 전에 TV를 가지고 있었습니다. 결혼 후에 같이 TV를 보다가 안 되겠다 싶어 TV를 결국 퇴출시키기로 결정했습니다. 그렇게 TV를 퇴출하고 나니 정말 좋았습니다. 둘만의 시간을 많이 가질 수 있어서 참 좋습니다. 하지만 아이들을 갖고 나면 TV를 가지고 싶은 욕망이 꿈틀댑니다. 하지만 꼭 이 고비를 이겨 내시기를 바랍니다.

 5. 결혼식 장소 생각해 보기!

　우리가 결혼식을 할 수 있는 장소는 여러 곳이 있습니다. 저도 교회내의 여러 형제자매들의 결혼식을 다니다 보니 "어디서 결혼을 해야 하는가?"에 대해서 고민하게 되었습니다. 저도 멋지고 아름다운 조명이 있는 결혼식장에서 하고 싶었습니다. 하지만 항상 문제는 돈이 었습니다. 아마도 이 글을 읽는 형제자매님 중에서도 저와 같은 생각을 하시는 분들이 있을 겁니다.

　저는 이런 말씀을 드리고 싶습니다. 예수님을 믿는 그리스도인들은 되도록 자신의 신앙이 자라 온 곳에서 결혼식을 했으면 좋겠습니다. 물론 개척 교회에 출석하거나 상황이 여의치 않는 분들이나 아름다운 조명이 있는 곳에서 결혼식을 올려야겠다고 생각을 가지고 계시는 분들에게까지 추천하고 싶지는 않습니다. 개인적으로는 교회에서 결혼식을 하는 것이 더 은혜롭지 않을까 생각해 봅니다.

　결혼식은 인생에 있어 보통 한 번(?)을 하게 됩니다. 그렇기 때문에 조금 더 좋은 곳에서, 더 멋진 곳에서 하고 싶은 욕심이 생깁니다. 그러나 결혼식은 잠깐입니다. 그리고 많은 금전을 사용하고 나면 후회가 남습니다. 저희도 이 문제를 가지고 고민하였고 기도도 했습니다. 그리고 결론을 낸 것이 많은 비용을 들이지 않아도 행복할 수 있다는 것입니다. 결혼식은 끝이 아니라 시작입니다. 이 말을 가슴 깊이 새겨야 합니다. 결혼과 동시에 행복이 우리 곁에 있는 것이 아닙니다. 행복은 부부 모두가 노력을 할 때 찾아옵니다. 그렇지 않으면 기쁨보다 힘든 일이 더 많아집니다.

예수님의 제자들인 우리들이 가져야 하는 자긍심은, 바로 세상과 다르게 행동하고 생각하는 것입니다. 그래서 다음과 같이 제안해 봅니다.
결혼식을 교회에서 하여 절약한 돈을 저축하거나 주변에 가난하고 헐벗은 이웃들을 돕는 데 사용하는 것은 어떨까요?

우리의 인생은 남들에게 보여 주기 위해서 존재하는 것이 아닙니다. 우리는 하나님이 계획하신 선한 일을 수행하기 위해서 태어났습니다. 아래 말씀에도 나와있습니다.

우리는 그가 만드신 바라 그리스도 예수 안에서 선한 일을 위하여 지으심을 받은 자니 이 일은 하나님이 전에 예비하사 우리로 그 가운데서 행하게 하려 하심이니라(엡 2:10, 개역개정).

For we are God's workmanship, created in Christ Jesus to do good works, which God prepared in advance for us to do(엡 2:10, NIV).

우리는 하나님의 작품입니다. 선한 일을 하게 하시려고, 하나님께서 그리스도 예수 안에서 우리를 만드셨습니다. 하나님께서 이렇게 미리 준비하신 것은, 우리가 선한 일을 하며 살아가게 하시려는 것입니다(엡 2:10, 새번역).

제가 내놓은 의견은 그대로 따라야 한다는 것은 아닙니다. 다만 한 번쯤 고민해 보자는 것입니다. 그리고 제 의견이 맞다고 생각하시는 분들은 그대로 따르면 됩니다. 부디 좋은 장소를 고르셔서 행복한 결혼생활을 하시기 바랍니다.

 6. 결혼식

　결혼식을 일주일 남겨둔 때는 시간이 멈춘 것 같았습니다. 이 시간에 많은 생각들을 하게 됩니다. 왜냐하면 이전에 제가 경험했던 여러 가지를 포기도 해야 하고 다른 환경에 적응하기도 해야 하기 때문입니다. 아마도 저와 결혼하는 아내도 그런 생각을 했을 겁니다. 부모님 생각이 많이 났습니다.

　부모님은 이런 때 어떻게 하셨을까?

　나는 무엇을 해야 할까?

　결혼식 전날은 거의 잠을 이룰 수가 없었습니다. 결혼식 전날, 날씨가 춥고 눈도 내렸습니다. 그러나 다행히 결혼식 날은 눈도 그치고 날씨도 따뜻해졌습니다. 양가 친지들이 결혼식에 참석하는 데 어려움이 없었습니다. 감사했습니다. 저희 결혼을 축하해 주기 위해서 오신 분들이 많았습니다. 감사한 일이었습니다. 이 모든 시간들을 허락해 주신 하나님께 감사했습니다.

　모든 사람에게 결혼은 허락되어 있습니다. 그런데 결혼을 딱 한

번 하는 사람도 있고 여러 번 하는 사람도 더러 있습니다. 저는 인생에 딱 한 번 결혼을 하는 것이라고 믿기에 정말 설레는 순간이었습니다. 결혼식은 제가 다니던 교회 예배당에서 있었습니다. 사진과 비디오 촬영은 후배가 해 주었고, 저의 학교 제자들도 참석해 주어 자리를 빛내 주었습니다. 담임목사님께서 결혼식을 주례해 주셔서 감사했습니다. 하객들로 오신 분들이 지루하지 않게 배려해 주신 담임목사님께 감사드립니다.

11년이 지난 이 순간에도 그때의 감동이 느껴지는 것 같습니다. 저희 결혼식 축가를 4팀이 해 준다고 하여 축가 대박이 나기도 했습니다. 축가가 너무 길면 하객들이 지루해 한다고 목사님이 말씀해 주셔서 3팀으로 조율을 해서 즐겁게 진행했습니다. 부족한 저희 부부를 위해서 헌신해 주시는 분들이 계셔서 감사했습니다. 결혼식을 교회에서 진행했기 때문에 시간에 쫓기지도 않았고 편안한 분위기로 진행되었습니다.

그러나 결혼식을 예식장에서 진행하게 되면 하루에 몇 건씩의 결혼이 진행되므로, 치러 버리는 행사처럼 결혼식이 형식적으로 진행되기 쉽습니다. 다시 한 번 부탁드립니다. 결혼은 성스러운 것입니다. 시간에 쫓기듯 진행하시지 마시고 편안한 장소를 섭외하여 진행하시면 좋습니다. 아내는 토요일 결혼식을 마치고 주일날 예배를 드린 후 신혼여행을 가고 싶다고 했습니다. 신혼여행은 결혼 후에 갖는 한 번의 여행일 수 있습니다. 멋진 계획을 세우신 후에 행복한 곳으로 다녀오시기 바랍니다. 아이를 갖기 전에 부부가 함께할 수 있는 여행이니 즐거운 시간을 많이 가지시기 바랍니다.

결혼 전 최소 6개월 전부터 형제와 자매는 자기 몸 관리를 해야 합니다. 그래야 새롭게 태어날 생명이 건강하게 태어납니다. 자매들은 산부인과에서 결혼 전 검사를 하면 좋습니다. 형제와 자매는 몸에 좋지 않은 인스턴트 식품을 피해야 합니다. 왜냐하면 인스턴트 식품은 우리의 몸에 좋지 않은 영향을 주기 때문입니다. 그리고 부모의 잘못 때문에 아이가 건강하게 태어나지 못한다면 가슴 아플 수 있기 때문입니다. 최소한 건강만큼은 본인 스스로가 챙겨야 합니다.

건강을 위해서 열심히 노력하세요. 가끔씩은 몸이 피곤할 만큼 땀이 날만큼 운동도 필요합니다. 하나님이 주신 건강한 육체를 오래도록 사용하려면 운동만큼 좋은 것이 없습니다. 부부가 같이 할 수 있는 운동이면 더 좋습니다.

부부가 같은 취미를 갖는 것도 좋습니다. 물론 같을 수도 있지만 같지 않을 수도 있습니다. 그렇다고 틀린 것은 아닙니다. 중요한 것은 다름을 인정해 주고 서로를 존중해 주는 것입니다. 자신의 마음에 안 들지라도 배우자는 하나님이 창조하신 귀한 존재입니다. 이것은 부정할 수 없는 사실입니다. 우리는 항상 이 사실을 잊습니다. 그래서 자기중심적으로 사고합니다. 그래서 자기가 옳다고 주장합니다. 세상에 정답은 한 개일 수도 있지만, 한 개가 아닌 여러 개가 답인 경우도 많습니다. 나와 다른 남에 대한 인정과 배려가 사랑의 기본입니다.

부부가 바르고 건강하게 살아갈 때 가정이 행복해집니다. 또한 아이들도 행복합니다. 아이들은 부부의 힘든 점을 바로 알아냅니다. 그것은 과학적으로 증명이 됩니다. 다름을 인정하고 배려하며 화합하는 가정을 이루십시오.

아내와 저는 사랑에 대해 정의를 내려 보았습니다. 아내는 사랑을 희생이라고 봅니다. 아내는 아이를 낳아서 키우다 보니 그렇게 느껴졌나 봅니다. 저는 사랑을 배려라고 봅니다. 왜냐하면 배려는 그 사람을 있는 그대로를 바라보기 때문입니다. 욕심 없이 보는 것이지요. 이렇게 사랑을 정의할 때도 서로가 다른 감정과 생각을 가집니다.

결혼식은 태초에 하나님께서 아담과 하와를 통해서 만들기를 원하시던 가정의 시작입니다. 이 날을 우리는 얼마나 많이 기대하고 기대했습니다. 하나님이 주신 귀한 가정은 하나님의 역사를 이루어 가는 곳입니다. 그렇기에 하나님의 역사를 방해하는 세력들이 많습니다. 항상 기도하고 준비해야 합니다. 저는 결혼식이 끝나고 눈물이 났습니다. 귀한 하나님의 가정의 시작을 했기 때문입니다. 하나님께 감사했습니다. 할렐루야!

7. 신혼여행

신혼여행은 결혼한 사람들에게는 매우 특별하고 의미 있는 시간일 것입니다. 크게 저는 2가지의 의미를 부여하고 싶습니다.

첫째, 신혼여행은 연애 기간 동안 열심히 노력한 것에 대한 보상의 시간이라고 할 수 있습니다.

귀한 사람과 평생을 함께하기 위해 얼마나 노력했습니까?

생각도 많았을 것입니다.

'처음에 어떻게 만날까?'

'어떤 이야기를 할까?'

'나를 좋아하기는 하는 걸까?'

'상대방은 하루에 얼마나 나를 생각할까?'

'하나님이 주신 귀한 짝일까?'

그리고 많은 경험들을 하면서 줄다리기도 했을 것이고, 하루에도 천국과 지옥을 경험했을 것입니다.

신혼여행은 이것들을 통과한 사람들에게 주어지는 시간인 것입니다. 저도 결혼 전에는 신혼여행을 형식적인 것으로 여겼습니다. 하지만 제가 결혼이라는 큰 산을 넘고 난 후에는 결혼한 사람에 대한 존경의 마음을 가지게 되었고, 신혼여행의 유익을 알게 되었습니다. 신혼여행은 연애 기간을 이겨 낸 사람에게 주어지는 특별한 시간입니다.

둘째, 신혼여행은 결혼생활에 대한 계획을 세우는 시간입니다.

신혼여행 기간에 부부는 많은 이야기를 나누어야 합니다. 아이 계획, 부부간의 생활, 남은 삶을 어떻게 연합하여 살아가야 하는지에 대해 계획해야 합니다. 이때에 잠만 자거나 의미 없이 보내면 신혼여행을 다녀온 후부터는 실제 현장에 투입이 되기 때문에 연애 기간에 가졌던 꿈은 사라져 가기 시작합니다. 그래서 신혼여행 기간에 대화를 많이 해야 합니다.

"나는 어떤 단점이 있고 이런 단점들은 내가 고치기 힘듭니다."

"이런 단점들을 보일 때 저에게 어떻게 해 주세요."

"저는 이런 장점들이 있습니다. 그래서 이런 부분들은 저에게 부탁을 해 주세요."

그 밖에도 아이는 몇 명을 낳을 것인지, 그리고 부부간의 기도 생활은 어떻게 해야 하는지, 가족예배는 어떻게 할 것인지, 아이를 낳았을 때 교육은 어떻게 할 것인지 등 이야기할 것들이 참 많습니다. 신혼여행을 알차게 보내세요. 물론 결혼 준비 때문에 몸과 마음이 지쳐 있을 수도 있고, 연애 시간에 이런 것들을 모두 다 고민하였을 수도 있습니다. 그렇다면 이 시간이 편안할 수도 있습니다.

저의 조언과 생각이 다 맞는 것은 아니지만, 이 시간을 좀 더 알차게 보냈으면 하는 아쉬움이 남아 이렇게 적어봅니다. 앞으로 결혼하게 될 형제자매님들에게 작은 도움이 되었으면 합니다.

사람은 결혼한 후에 배우자를 대하는 마음자세가 연애 때와는 달라집니다. 더 편안해지는 사람이 있는가 하면 불편해지는 사람이 있기도 합니다. 왜냐하면 무엇보다도 자기와 다른 개체가 한 공간에 살기 때문입니다. 가족들에게는 하품도 방귀도 잠버릇도 허용되지만, 결혼한 배우자는 아직 나에 대해서 모든 것을 알지도 못하고 가족처럼 자신의 모든 허물을 덮어주지는 못합니다.

그래서 신혼여행 기간에 자신의 단점들을 허심탄회하게 이야기하면서 서로를 보듬고 이해하는 마음을 가질 때, 연애 기간 동안 꿈꿨던 행복한 결혼생활을 하게 됩니다. 신혼여행 기간에 서로에게 좋은 모습으로만 다가가려고만 하지 말고 하나님께 기도하면서 서로에 대한 배려를 배우는 시간이 되었으면 합니다.

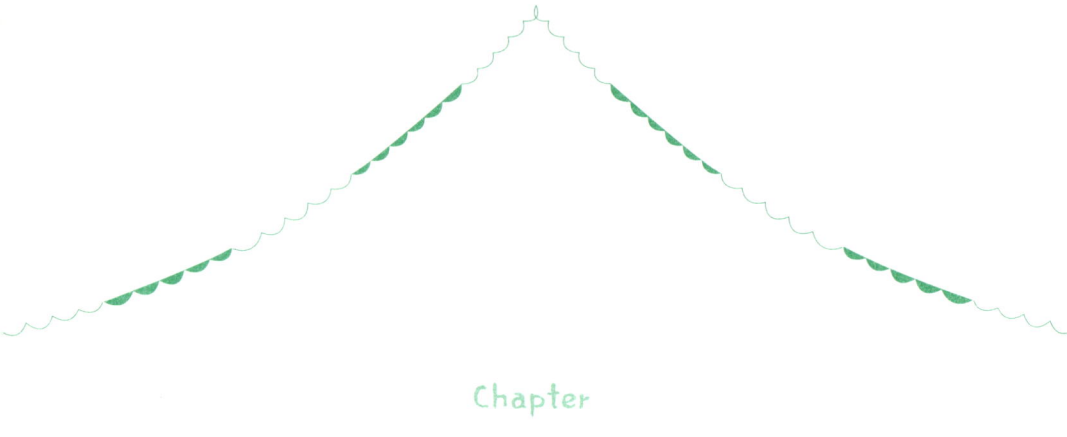

Chapter

4

∙∙∙∙∙∙∙∙∙∙∙∙∙

신혼생활

# 1. 신혼생활 이야기

결혼식을 끝내고 한 공간 안에 두 사람이 같이 산다는 것은 신나고 즐거운 일이기도 하지만, 두 사람의 차이가 어떤 것인지 몰라서 다소 긴장이 되기도 합니다. 이 긴장의 끈을 누가 팽팽히 잡아당기느냐에 따라서 사소한 다툼이나 신경질이 나기도 합니다. 하지만 대체적으로 초기에는 서로 조심하기 때문에 대부분 무난하게 넘어갑니다.

저는 신년 새해가 되어 송구영신예배를 드리고 오다 다리를 다쳐 병원에서 수술을 한 적이 있었습니다. 결혼한 지 2주 만에 저희 신혼집은 병원으로 옮겨졌습니다. 병원에서 3주 정도 시간을 보냈습니다. 제 아내가 혼인신고를 해야 했고 저희에게는 너무나도 소중한 첫째 아이가 만들어졌습니다.

저는 신혼생활이라는 것을 꿈꾸며 정말 재미있게 생활하려고 결심을 했지만 그것은 저의 계획이었고 하나님의 계획은 다른 곳에 있었나 봅니다. 저와 제 아내는 나이가 들어서 결혼을 했습니다. 그래서 하나님은 저희의 생각보다 더 앞서셨던 것입니다. 이 말은 뒤에서 제가 저희 가정 이야기를 할 때 더 자세하게 하겠습니다. 저는 다음의 성경 말씀을 결혼 후 10년의 시간이 흐른 시점에야 아주 조금 깨닫게 되었습니다.

> 사람이 마음으로 자기의 길을 계획할지라도 그의 걸음을 인도하시는 이는 여호와시니라(잠 16:9, 개역개정).

> In his heart a man plans his course, but the LORD determines his steps (잠 16:9, NIV).

> 사람이 마음으로 자기의 앞길을 계획하지만, 그 발걸음을 인도하시는 분은 주님이시다(잠 16:9, 새번역).

저희는 결혼 초반부터 다양한 경험을 했습니다. 병원에서의 짧은 신혼생활을 마친 후에 저는 다리에는 깁스를 하고 퇴원했습니다. 아내와 저는 학회 참석을 위해 말레이시아로 출국을 했습니다. 깁스를 하고 장거리 여행을 했습니다. 비행기도 타야 하고 수많은 난관을 통과해야 했습니다.

그때 비로소 저는 다리가 불편하신 분들의 마음을 깊이 공감할 수 있었습니다. 다리가 정상일 때는 계단을 오르내리는 것은 문제가 아니었습니다. 그런데 깁스를 하고 나니 계단이 나타나면 두려웠습니다. 제 다리로 걸어 다닐 수 있다는 것이 축복이라는 것을 절실히 깨달았습니다. 저는 이 일을 통해서 출국할 때 몸이 불편하면 휠체어 서비스를 이용할 수 있다는 것도 알게 되었고, 여자는 임신하게 되면 엑스레이 통과대를 지나지 않을 수 있다는 것도 알게 됐습니다.

이처럼 연애 기간을 많이 보낸 연인이라도 결혼이라는 세계에 들어가면 또 다른 세계가 펼쳐집니다. 아마도 마음의 무장을 해제하기 때문인 것 같습니다. 연애할 때 우리들은 어느 정도 마음과 정신을 무장합니다. 즉 상대방을 향한 신경을 곤두세웁니다. 하지만 결혼식 후 신혼생활을 시작하면 다소 긴장이 풀리기도 합니다. 그러다 보면 서로에게 상처를 주기도 하고 오해하기도 합니다.

신혼 초에는 배우자의 잠자는 습관, 식사 습관, 씻는 습관, 옷 벗고 처리하는 부분 등, 서로 소통하고 해결해야 하는 부분이 산적해 있습니다. 이런 문제들을 신혼여행 때 이야기했더라면 다소 해결할 수 있을 텐데 그게 잘 안됩니다.

습관은 무섭습니다. 아무 때나 나타납니다. 자기가 의식하지 않을 때 나타납니다. 서로에게 좋은 습관이면 다행이지만 상대가 싫어하는 행동이라면 상대방에게 상처를 줍니다. 예를 들어, 남자들 중에는 양말을 벗어서 빨래 넣는 곳에 넣지 않는 습관을 가진 사람들이 많습니다. 양말을 벗어서 아무 곳에나 던져 놓는 것입니다. 이런 모습을 한두 번은 용인한다고 하지만, 사람이란 자기중심적이기 때문에 이 문제가 싸움의 원인이 됩니다. 그로 인해 여러 가지 문제들이 실타래의 실처럼 흘러나오는 것입니다.

자신의 문제점을 상대로부터 지적받으면 감사하다는 이야기를 하고 문제점을 개선하는 모습을 보여야 합니다. 그렇지 않으면 나중에 많은 문제를 일으킬 수 있습니다.

2. 가정예배 드리기

저희 가족도 가정예배를 드리기로 아내와 결정을 하고 가정예배를 드리기 시작했습니다. 그런데 그때 제가 잘못한 것이 있었습니다. 그것은 바로 예배 시간에 나누는 시간을 많이 하게 된 것입니다. 처음에는 정말 열정적으로 예배를 드렸습니다. 그래서 저는 혼자서 열정이 넘쳐서 은혜 받은 대로 다 나누었습니다. 그런데 아내는 피곤하고 힘들었던 것입니다. 처음에는 아내도 저처럼 나누는 시간이 즐거운 것으로 알았습니다. 그런데 나중에 안 사실인데, 아내는 그때 임신한 상태로 일도 하고 있는 상태여서 예배 시간이 긴 것이 부담스러웠다고 했습니다.

그때 저는 부끄러웠습니다. 왜냐하면 내가 좋아하는 것을 상대에게 강요하는 꼴이었기 때문입니다. 저에게 아무리 좋은 것이라도 상대를 배려한 행동을 해야 한다는 것을 알게 되었고 부끄러웠습니다.

우리의 인생은 늘 새로운 순간입니다. 그렇기 때문에 우리는 실수를 반복하고 잊어버리는 것 같습니다. 하지만 하나님은 우리에게 주신 것은 반복적인 것 같지만 늘 새로운 순간입니다. 저도 이것을 깨닫기까지 오랜 시간이 걸렸습니다. 그런데 깨닫고 나니 정신이 바짝 들었습니다. 아주 귀한 깨달음이었습니다.

결혼해서 한 동안 저는 아내 때문에, 그리고 아내는 저 때문에 많이 힘들었습니다. 왜냐하면 서로 예배 스타일도 다르고 잠자는 시간도 달랐기 때문입니다. 그리고 먹는 음식도 달랐습니다. 또한 아내는 임신을 하고 있었기 때문에 저보다 더 많이 힘들었을 것 같습니다. 또한 저도 박사과정 학생이었기 때문에 스트레스가 많았습니다. 그때는 이러한 것들을 서로 이해하지 못했습니다. 지금 생각하면 그때 그 모습이 어리게 느껴집니다.

우리는 늘 자신의 현재 시간이 많이 변해있다고 생각합니다. 저도 청년 때 많이 훈련을 받아서 새롭게 변했다고 생각했습니다, 하지만 이것은 저의 오판이었습니다. 저는 마치 구정물통 같았습니다. 바뀌지 않는 제 안의 모습이 많았습니다. 바뀌지 않은 제 모습은 아내를 힘들게 했고, 저도 힘이 들었습니다.

결혼 6개월에 접어들었을 때에 결혼 전에 하나님이 저에게 주셨던 감동이 다시 밀려오게 되었습니다. 아마도 제가 아내의 소중함을 잊어버렸기 때문인 것 같습니다. 그때 많이 울고 회개했습니다. 제 아내를 이해하지 못했고, 소중하게 생각하지 못한 것이었지요. 그런 시간을 보내고 나서 저는 아내를 더 깊이 이해하기 위해 노력하였고, 과거에 머물지 않는 남편이 되도록 노력을 했습니다.

그런 시간 이후로 하나님은 저를 변화시키셨습니다. 저로 하여금 아내에게 맞추도록 하셨습니다. 저의 잠자는 때를 한밤중에서 초저녁으로 바꾸셨고, 새벽에 깨어서 책을 읽고 새벽기도를 다녀올 수 있게 해 주셨습니다. 사랑하면 사람을 변하게 합니다.

그리고 가정예배를 드리면 집을 지킬 수 있습니다. 가정예배 시간과 횟수는 처음에는 부부만이 드리기 때문에 부부가 맞추어서 시간을 정하시면 됩니다. 그러다 아이가 태어나면 다시금 시간을 정해서 가정예배를 드려야 합니다. 저희도 처음에는 아내와 둘만이 있을 때는 가정예배가 쉬웠지만 아내가 만삭이 되어가고 아이가 한 명씩 태어나자 우리의 삶은 파격적으로 바뀌기 시작했습니다. 가정예배는 가족들의 회의를 통해서 결정하세요.

 3. 부부가 사용해야 하는 언어

이번 장에서는 부부가 사용해야 하는 언어에 대해서 말하고 싶습니다. 우리가 사용하는 말은 엄청난 힘이 있습니다. 그 말은 사람을 살리기도 하고 죽이기도 합니다. 에너지를 주기도 하고 에너지를 없

애기도 합니다. 아래 말씀은 말의 힘에 대해서 나타내고 있습니다.

> 태초에 말씀이 계시니라 이 말씀이 하나님과 함께 계셨으니 이 말씀은 곧 하나님이시니라(요 1:1, 개역개정).

> In the beginning was the Word, and the Word was with God, and the Word was God(요 1:1, NIV).

> 태초에 '말씀'이 계셨다. 그 '말씀'은 하나님과 함께 계셨다. 그 '말씀'은 하나님이셨다(요 1:1, 새번역).

사람은 하나님의 형상대로 만들어졌기 때문에 사람의 말에도 힘이 있습니다. 저는 부부가 사용하는 언어가 바로 가정의 행복을 이루는 시작이라고 봅니다. 그렇다면 어떻게 말을 해야 하는지를 알아보겠습니다.

첫째, 부부는 존중의 말을 해야 합니다.
다른 말로 하자면 경어를 쓰자는 것입니다. 사람은 상대에게 경어를 써줄 때 함부로 대하지 못합니다. 사람이 표현하는 말에 그 사람의 인격이 들어 있습니다. 그래서 우리는 말을 조심해야 합니다. 특히 부부 사이는 더욱 조심해야 합니다. 보통 연애할 때는 '오빠', '동생' 아니면 '형제님', '자매님'이라고 부르기도 합니다. 저희 부부도 '형제님', '자매님'으로 호칭을 하다가 결혼 후에 '여보', '당신'으로 부릅니다. 청년 형제자매님들도 결혼하시면 꼭 서로 '여보', '당신'과 같은 경어를 쓰시면 좋겠습니다. 그렇게 존중할 때 서로가 더 애틋하고 함부로 할 수 없습니다.

둘째, 서로에게 상처가 되는 말은 하지 않아야 합니다.

아무리 화가 나도 머릿속에 있는 말을 다 하지 마십시오. 입에서 나온 말은 절대 다시 주워 담을 수 없습니다. 아래 성경 말씀에도 명철한 자의 입술에는 지혜가 있다고 합니다. 상대방의 자존심을 건드리거나 아픔을 주는 말은 하지 마십시오. 그러기 위해서는 오직 하나님의 말씀을 입에 담고 사는 방법밖에 없습니다. 우리의 탑은 쌓기 매우 힘들지만, 그 공든 탑이 무너지기는 매우 쉽습니다. 단 한 마디 말 때문에 원수가 되기도 합니다. 정말 말 조심해야 합니다.

> 명철한 자의 입술에는 지혜가 있어도 지혜 없는 자의 등을 위하여는 채찍이 있느니라(잠 10:13, 개역개정).

Wisdom is found on the lips of the discerning, but a rod is for the back of him who lacks judgment(잠 10:13, NIV).

명철한 사람의 입술에는 지혜가 있지만, 지혜가 없는 사람의 등에는 매가 떨어진다(잠 10:13, 새번역).

말이 많으면 허물을 면하기 어려우나 그 입술을 제어하는 자는 지혜가 있느니라(잠 10:19, 개역개정).

When words are many, sin is not absent, but he who holds his tongue is wise(잠 10:19, NIV).

말이 많으면 허물을 면하기 어려우나, 입을 조심하는 사람은 지혜가 있다 (잠 10:19, 새번역).

셋째, 칭찬의 말을 사용하십시오.

『칭찬은 고래도 춤추게 한다』라는 이름의 책도 있습니다. 칭찬은 상대방으로 하여금 자신감을 갖게 합니다. 배우자에게 인정받는 것은 최고의 기쁨입니다. 서로에게 영혼 없는 칭찬이 아닌 구체적인 칭찬을 해야 합니다. 예를 들면,

"당신 이 옷 색이 얼굴과 잘 어울려요."
"당신이 이를 하얗게 내보이고 웃으니까 제 마음도 정말 따뜻해져요."
"당신이 사랑한다는 말을 해 주니 제 마음이 매우 따뜻해져요."
이렇게 구체적으로 칭찬을 해야 합니다.

이 외에도 하나님의 말씀을 이야기해 주시거나 찬양을 불러주는 것도 좋은 말입니다. 말은 상대방을 변화시키기도 하고 상대방을 얼음처럼 차갑게도 합니다. 그건 전적으로 자신의 몫입니다. 환경에 지배받지 말고 하나님의 말씀으로 이겨 나가시길 기도합니다.

4. 서로 이해하는 부부되기

부부는 왜 서로 이해해야 하는지에 대해 이야기하겠습니다. 우리는 살아오면서 이해라는 단어를 많이 사용해 왔지만 실제로 그렇지 못하기에 다툼을 일으킵니다. 사람은 모두 다 이해받기를 원합니다. 그렇지만 타인을 이해하는 것이 쉽지는 않습니다. 왜냐하면 사람은 자기중심적이기 때문입니다. 이 부분을 해결했다면 아마도 그분은 성인군자임에 틀림없습니다. 저도 제 자신을 이해하지 못할 때가 많습니다. 어떤 일을 결심하고 또 결심해도 무너지는 제 자신을 보면 저는 나약한 존재임을 고백할 수밖에 없습니다.

우리는 상대를 이해하는 한계를 정합니다. 그래서 한계를 넘어서면 화를 내고 미워합니다. 하지만 하나님은 한계를 갖지 않습니다. 우리가 그분을 사랑해야 하는 이유가 바로 여기에 있습니다. 요나가 하나님께서 시키신 일을 뒤로하고 배를 타고 도망갑니다. 때마침 항구에 나갔는데 다른 방향으로 떠나는 배까지 준비가 됩니다. 환경적으로 보면 하나님 말을 듣지 않아도 되는 것처럼 보입니다. 하지만 하나님은 요나를 이해하고 계십니다. 그래서 요나가 스스로 회개할 수 있기를 기다리십니다.

우리에게도 마찬가지 입니다. 하나님의 이런 성품을 닮아야 합니다. 먼저 하나님과 연애(사랑)를 해야 하는 이유가 바로 여기에 있습니다. 즉 하나님의 성품을 닮기 위해서입니다.

우리의 모습 그대로 사람을 사랑하면 우리는 날마다 상처만 받고 상처만 줄 것입니다. 왜냐하면 우리 안에 하나님의 성품이 아닌 악의 모습이 많기 때문입니다. 결혼하면 천국만 있을 것 같은 착각에 빠집니다. 하지만 결혼은 현실입니다. 이때부터는 자신 안에 있는 내면의 찌꺼기(상처, 트라우마, 경험 등)들이 밖으로 나오기 시작합니다. 어렸을 적 겪었던 여러 가지 상처나 경험들이 우리들의 무의식 속에 가득합니다. 이런 경험들은 현재 상황에서 자신이 의식하지 못할 때 겉으로 표현되게 됩니다.

상대방은 이런 것들을 알 수 없기 때문에 저 사람이 나를 싫어하는 것으로 생각하게 됩니다. 그렇게 되면서 서로를 불신하기도 하고 불만을 갖기도 합니다. 우리 안에 상처나 트라우마들은 자신의 잘못이 아닙니다. 왜냐하면 그것은 환경의 탓이기도 하고 자신을 키워준 부모나 형제자매 등에 의해 발생하기 때문입니다.

하나님은 우리의 이런 모습 때문에 다음과 같은 성경 말씀을 주시지 않았나 생각해 봅니다.

> 16 항상 기뻐하라
>
> 17 쉬지 말고 기도하라
>
> 18 범사에 감사하라 이것이 그리스도 예수 안에서 너희를 향하신 하나님
>
>   의 뜻이니라(살전 5:16-18, 개역개정).

16 Be joyful always;

17 pray continually;

18 give thanks in all circumstances, for this is God's will for you in Christ Jesus(살전 5:16-18, NIV).

16 항상 기뻐하십시오.

17 끊임없이 기도하십시오.

18 모든 일에 감사하십시오. 이것이 그리스도 예수 안에서 여러분에게 바라시는 하나님의 뜻입니다(살전 5:16-18, 새번역).

이 말씀처럼 우리는 성령님을 의지하면서 항상 기뻐하고, 끊임없이 기도하며, 모든 일에 감사할 때 하나님의 성품을 닮아가고 상처들이 치유가 될 수 있습니다. 하나님의 성품을 닮는 사람이 될 때 상대방을 이해할 수 있습니다. 상대방을 이해해야만 가정이 평화롭습니다. 자신을 내려놓고 상대의 입장에서 바라봐야 합니다. 그래야만 가정이 지켜집니다. 나 자신을 먼저 생각하지 말고 상대방의 입장을 바라보십시오. 그러면 모든 것을 이해할 수 있습니다.

 5. 대화하는 부부

부부 사이에 대화는 반드시 필요합니다. 대화는 서로의 오해를 풀어 주기도 하고 서로의 사랑스러운 마음을 증가시키기도 합니다. 그러나 부부 사이에 대화가 단절되면, 서로의 신뢰를 추락시키고 오해를 발생하기도 합니다.

대화법은 이미 여러분들도 알고 있을 수도 있지만 제가 한번 나열해 보겠습니다. 대화법은 먼저 다가가는 대화가 있고, 멀어지는 대화가 있고, 원수가 되는 대화가 있을 수 있습니다. 차례로 이 3가지 대화에 대해서 알아보겠습니다.

첫째, 다가가는 대화는 상대의 말 걸기에 관심을 보입니다.
또한 상대의 말 걸기에 적극적으로 반응하며 다가갑니다. 그래서 두 사람 사이의 우호감을 증진하게 됩니다.

둘째, 멀어지는 대화는 상대의 말에 화제를 돌립니다.

엉뚱한 소리를 하거나 대꾸하지 않는 것을 말합니다. 이런 대화는 상대방으로 하여금 무시당하는 기분을 들게 하며, 외로운 기분이 들게 합니다.

셋째, 원수 되는 대화는 상대의 말에 즉각적으로 반박하거나 비웃는 대화를 말합니다.

이럴 때 상대방은 무시당한 기분, 슬픔, 분노 등을 느끼게 됩니다. 또한 스트레스 지수가 매우 높아집니다.

이 3가지 대화 중에서 우리가 추구해야 하는 대화법은 다가가는 대화입니다. 다가가는 대화법이 쉬운 것 같지만 마음 같이 잘 안됩니다. 왜냐하면 우리의 마음이 닫혀 있거나 무의식 속에 들어 있는 상처들이 우리의 자존심을 자극하기 때문입니다. 그렇기에 더 의도적으로 노력을 해야 합니다. 사람은 마음먹은 대로 생각을 움직일 수 있습니다. 그렇지 않으면 자기가 말하는 대로 삶을 살게 됩니다. 말도 바꾸고 생각도 바꾸어야 합니다. 하나님의 말씀으로 삶을 바꾸어 나가야 합니다.

대화만 잘해도 부부간에 오해가 없습니다. 남자의 특성상 대화를 잘 하지 않을 수도 있습니다. 형제들은 부부간의 대화가 어렵다면 조금씩 노력을 해야 합니다. 상대에게 말하지 않으면서 자기의 마음을 이해해 달라고 하는 것은 상대에게 인간 이상의 노력을 요구하는 일입니다. 자기를 낳아준 부모님도 자기의 마음을 몰라주는 때가 많습니다. 그런데 최소 25년 이상 서로 다른 환경, 가족, 친구 형제와 살다가 짧은 연애 기간만 거친 배우자에게 자기의 마음을 알아 달라고 하는 것은 현실을 몰라도 너무 모르는 것입니다.

결혼했으면 이제 어린아이의 습성을 과감히 버려야 합니다. 배우자가 자기의 마음을 몰라준다고 우울해하지 말고, 내가 그 사람의 마음을 몰라주는 것에 더 가슴 아파해 보세요. 아마 그렇게 되면 배우자로부터 더 큰 사랑을 받을 수도 있을 것입니다. 부부간의 대화에 소통, 공감, 경청을 넣어 보세요. 그렇다면 대화가 더욱더 풍성해질 것입니다. 멀어지는 대화나 원수 되는 대화는 서로의 감정을 망치고 관계를 헤치게 됩니다.

부부간의 대화는 반드시 필요합니다. 소통, 공감, 경청을 담은, 다가가는 대화를 통해서 서로에게 칭찬하고 격려합시다. 사랑을 담아서 서로를 깊이 아껴 주는 부부가 되시길 기도드립니다.

6. 부부의 성(性) 이야기

이번 장은 부부의 성 이야기를 다루고자 합니다.

이런 이야기를 하려면 조금은 낯 뜨거워지는 이유는 무얼까요?

그건 아마도 우리나라의 정서와 깊은 연관이 있는 것 같습니다.

부부의 성에 대해 이야기하는 것을 금기시했던 과거의 문화가 이렇게 저희들 머릿속에 가득하기 때문이 아닐까요?

그러나 하나님이 주신 부부의 성은 아름다운 것입니다. 성경 아가서에도 부부간의 아름다운 사랑에 대해서 이야기합니다. 저희 부부는 결혼 전 멘토 목사님 부부가 진행해 주셨던 결혼 예비 학교에서 부부의 성에 대한 허심탄회한 이야기를 나누어 주시고 교육해 주셔서 부부의 성에 대한 잘못된 생각을 바로 잡고 많은 것을 배우게 되었습니다.

하나님의 귀한 선물인 부부의 성은 아름다운 것입니다. 하지만 영화나 야한 동영상(야동), 포르노그래피 사진 및 책 등은 하나님이 주신 귀한 성을 왜곡시켜 버렸습니다. 그 결과는 우리 주변에서 흔히 볼 수 있는 범죄로 나타나고 있고, 이를 해결하는 데 많은 시간과 에너지를 쏟게 합니다. 아마도 이 문제는 우리가 하나님께 진심으로 매달리면서 고쳐달라고 기도해야 하는 부분인 것 같기도 합니다.

잘못되고 왜곡된 성 문화는 그리스도인 부부의 삶까지도 망치고 있습니다. 현재 사람들이 많이 사용하고 있는 SNS는 은밀한 성 문화를 부추기고 있으며, 이로 인해 아이들은 잘못되고 왜곡된 성 문화를 일찍 접하게 됩니다. 아이들에게 성에 대한 올바른 교육을 심어주고 하나님께서 부부간의 성을 왜 주셨는지를 바로 잡아 준다면, 아이들이 어른이 되었을 때 성에 대해서 올바른 생각을 갖게 될 것이고, 이로 인해 성범죄나 성 문제를 일으키지 않을 것입니다.

특히 형제들은 이 문제에 대해서 많은 책임을 갖고 고민해야 할 것 같습니다. 회사 생활이나 친구들끼리 술을 마신 후에 성적 일탈을 시도하려는 것에 대해 부끄러워 할 줄 알아야 할 것입니다. 성경의 여러 곳에서 성적 범죄에 대한 경각심을 심어주는 말씀들이 많이 있습니다. 성에 대한 올바른 교육이 있고, 그리스도인 가정에서 부모가 자녀를 교육할 때, 우리 아이들이 올바르게 성장하게 될 것입니다.

저는 개인적으로 술을 마시지 않습니다. 담배도 피우지 않습니다. 물론 신앙생활에 있어서 술 마시는 것과 담배를 피우는 것에 대해서 여러 가지 이야기들이 많습니다.

"개인적인 부분이기 때문에 간섭하지 말라."

"성경에서 술 마시지 마시라고 했다."

"성경은 술을 취할 때까지 마시지 말라고만 했다."

하지만 저는 저희 몸이 성령을 담고 있는 성전이기 때문에 술을 전혀 마시지 않는 신앙관을 가지고 있습니다. 물론 제가 말하고 있는 것이 꼭 맞는지는 모르겠습니다. 다만 제가 생각하는 신앙관은 그렇다는 것입니다. 지금까지 술을 마시는 분들이 많은 실수를 저질렀기 때문에 저는 금주하면 좋겠다는 신앙관을 갖고 있습니다.

하나님 앞에 선 우리들이 몸을 소중하게 지켜서 천국에 갈 때까지 선한 일에 우리의 모든 것들을 드리면 좋겠습니다. 하나님께서 주신 아름다운 부부의 성 또한 잘 지켜 나갔으면 좋겠습니다.

> 내 사랑아 너는 어여쁘고 어여쁘다 네 눈이 비둘기 같구나(아 1:15, 개역개정).
>
> How beautiful you are, my darling! Oh, how beautiful! Your eyes are doves(아 1:15, NIV).

아름다워라, 나의 사랑. 아름다워라, 비둘기 같은 그 눈동자(아 1:15, 새번역).

당신 옆에 있는 배우자는 아름다운 사람입니다. 그 사실을 절대 잊지 마시기 바랍니다.

 7. 신혼생활의 안정감

이번엔 신혼생활의 안정감에 대해서 이야기해 볼까 합니다. 여기서는 여러 가지 주제를 다룰 것인데, 쉽지 않은 주제들입니다. 그래도 신혼생활에서 꼭 필요한 주제들입니다.
 그렇다면 신혼생활의 안정감은 무엇일까요?
 그것은 우선 물질적 안정감과 정신적 안정감이 있습니다.

물질적 안정감은 어떻게 얻을 수 있을까요?
 결혼생활을 하다 보면 물질은 필요악 같은 존재입니다. 없으면 허전하고 많이 있으면 주체를 못할 것 같기도 합니다. 저는 결혼하였을 때 박사과정 졸업 예정 학생이었습니다. 그리고 아내는 직장인이었습니다. 이때 물질은 아내가 전담을 했습니다. 그때 저는 아내에게 많이 미안했습니다. 그런데 아내가 이런 말을 했습니다.

"물질을 버는 것이 꼭 남자만 벌어야 하는 것이 아니라구요. 지금 자기가 할 수 있는 일이 물질을 버는 일이라면 남자와 여자를 구분하지 말고 물질을 벌어야 한다고 생각해요."

저는 그때 제 상황을 이해해 주는 아내가 고마웠습니다. 그런 아내 덕분에 제가 무사히 졸업할 수 있었습니다.

안정감은 부부가 하나가 될 때, 한 마음으로 가정이 굴러갈 때 생깁니다. 저희는 물질이 풍족하지는 않았습니다. 하나님께서 저희 식구가 먹을 수 있을 만큼은 주셨습니다. 그래서 저는 하나님의 말씀을 실감했습니다.

> 24 까마귀를 생각하라 심지도 아니하고 거두지도 아니하며 골방도 없고 창고도 없으되 하나님이 기르시나니 너희는 새보다 얼마나 더 귀하냐 29 너희는 무엇을 먹을까 무엇을 마실까 하여 구하지 말며 근심하지도 말라(눅 12:24, 29).

> 24 Consider the ravens: They do not sow or reap, they have no storeroom or barn; yet God feeds them. And how much more

valuable you are than birds!

29 And do not set your heart on what you will eat or drink; do not worry about it(눅 12:24, 29, NIV).

24 까마귀를 생각해 보아라. 까마귀는 씨를 뿌리지도 않고, 거두지도 않고, 또 그들에게는 곳간이나 창고도 없다. 그러나 하나님께서 그들을 먹여 주신다. 너희는 새보다 훨씬 더 귀하지 않으냐?

29 그러므로 너희는, 무엇을 먹을까 무엇을 마실까 하고 찾지 말고, 염려하지 말아라(눅 12:24, 29, 새번역).

하나님은 필요한 만큼을 주십니다. 우리에겐 꼭 믿음이 필요합니다. 위 말씀처럼 물질은 남편이나 아내나 현재 일을 할 수 있는 사람이 해내면 되는 것입니다. 그리고 다른 사람은 다른 일을 잘 해내면 됩니다. 그렇게 집안일을 공평하게 나누면 서로의 자리를 채워 줄 수 있습니다.

정신적 안정감은 서로가 서로를 사랑하고 이해함으로 만들어집니다. 서로에게 안정감을 주는 말과 행동을 하면, 서로에게 좋은 교감이 될 것입니다. 무엇보다도 안정감 있는 가정을 위해서 기도하고 찬양하며 서로를 칭찬해 주면 좋을 것 같습니다. 영어에서 표현하는 하우스(house)가 아닌 홈(home)이 되기를 기도합니다.

   저희 집에서 행했던 일 중에 **감사노트**를 작성하는 것이 있었습니다. 어느 날 제가 기도하는 중에 다음과 같은 생각이 들었습니다.
'하루에 일어났던 일 중에 감사거리가 많은데 이걸 어떻게 해야지?'
   그래서 그 감사거리를 노트에 적어 보기로 했습니다. 감사 내용과 노트의 양이 늘어가면서 제가 변해가고 있음을 느꼈습니다. 사람은 감사하지 않으면 불평과 불만이 입에 오르내립니다. 그렇게 되면 은혜 받은 것들이 다 날아가 버립니다.

   우리의 마음과 생각을 하나님의 생각과 말씀으로만 채워야 합니다. 그렇지 않으면 우리는 부정적인 생각에 사로잡힙니다. 사람은 하루에 5만 가지 이상의 생각을 한다고 합니다. 우리가 알지 못하는 사이에 이렇게나 많이 생각한다는 것도 놀랐습니다. 이때 실제로 일어나지 않을 일에 대한 고민이 90% 정도를 차지한다고 합니다. 얼마나 우리가 부정적인 부분에 노출이 되어 있는지를 알 수 있습니다.

   이런 뇌를 하나님의 생각으로 바꾸려면 평소에 감사를 많이 연습해야 합니다. 감사의 연습만이 우리의 뇌를 긍정의 뇌로 바꿀 수 있습니다. 우리의 입술도 생각도 하나님의 말씀으로 채운다면 우리의 삶 또한 바뀌게 됩니다. 어떤 목사님은 쉬는 시간이면 주기도문과 하나님의 말씀만 외운다고 합니다. 잠깐 쉬는 시간에도 자신에게 부정적인 생각이 들까 봐 주기도문과 하나님의 말씀만 보고 계신다는 목사님의 이야기는 저에게 많은 도전을 주었습니다. 삶에 감사는 우리의 삶을 풍족하게 합니다.

'무슨 감사의 제목이 있을까?'

저는 이러한 고민을 하면서 감사노트를 작성한 적이 있습니다. 하지만 시간이 흐를수록 제가 살아 있는 것, 먹을 수 있는 것 등 모든 것들이 감사하게 되었습니다. 자신의 삶이 세상에서 가장 비참하게 느껴지거나 패배자라고 느껴질 때, 저는 병원 중환자실 앞이나 응급실 앞을 다녀오라고 말하고 싶습니다. 거길 다녀오면 우리 삶의 모든 것이 달라질 것입니다.

저도 얼마 전 아이 때문에 응급실과 수술실을 다녀왔습니다. 거기에는 삶과 죽음이 공존하고 있었습니다. 모든 사람의 삶은 아름답습니다. 왜냐하면 하나님께서 처음에 저희를 지으실 때 하나님의 형상대로 만드시고 보시기에 아름답다고 하셨기 때문입니다. 그러나 우리는 그것을 잊고 살아갑니다. 그 이유는 우리의 욕심 때문일 것입니다. 욕심은 죄를 낳고 죄는 사망을 낳습니다.

　우리의 생각과 마음에 욕심을 채우지 말고 감사를 채워 보면 어떨까요?

　그렇게 되면 우리의 삶은 변해 갈 수 있을 것입니다.

　처음이 어렵습니다. 그래서 들으면 바로 행해야 합니다. 우리가 '다음에 해야지', '나중에 해야지'라고 하면 잊어버리게 될 것입니다. 어쩌면 이것은 자신의 게으름에 타협하는 것일 수 있습니다. 바로 자신을 이기십시오.

　생각이 나면 자기 주변에 있는 종이에 감사 제목을 적어놓으십시오. 이런 일들이 자주 반복적으로 일어나다 보면 부부의 삶 속에 기적이 일어날 것입니다. 제가 생각하는 기적은 따로 있지 않습니다. 물론 죽은 사람이 살고 아픈 사람의 병이 치료되는 것도 아주 뛰어난 기적 중에 하나입니다. 하지만 더 중요한 기적이 있다고 봅니다.

　그것은 바로 예수를 믿지 않는 영혼이 예수를 믿어 구원을 얻고 자신의 나쁜 습관들을 고침 받아, 하나님의 귀한 쓰임을 받는 도구가 되는 것이 아닐까요?

감사함으로 우리의 삶을 하나님께 고하며 행복한 신혼생활을 보내셨으면 합니다. 하나님의 말씀과 찬양이 가득한 홈(home)을 만드시길 예수님의 이름으로 기도합니다.

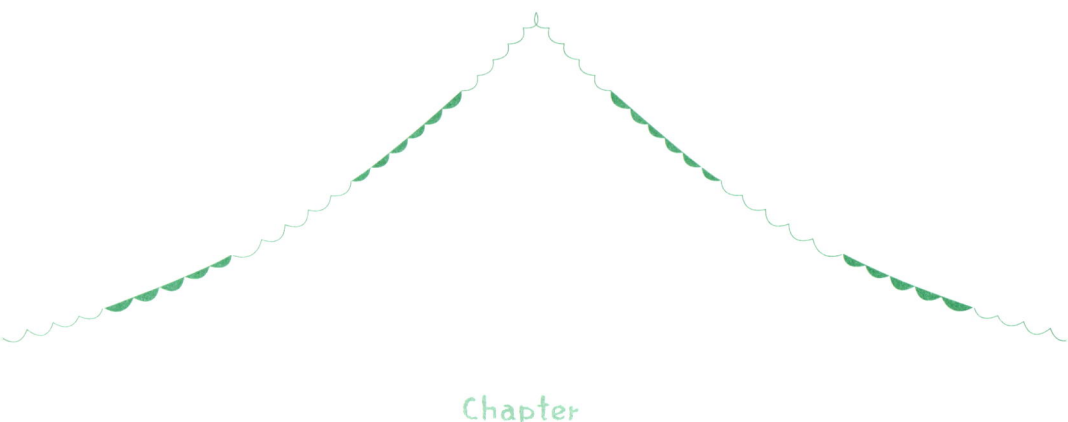

Chapter

· · · · · · · · · · · ·

임신과 출산

 1. 임신에 대한 기쁨

　제가 신혼 초에 다리를 다쳐 병원에서 3주간 입원했고, 아내 혼자 병원에 가서 저희 큰아이의 임신을 확인했습니다. 저는 그때 다리를 수술했기 때문에 움직일 수 없는 상황이었습니다. 지금 생각하면 그 상황에 대해 아내에게 참 미안합니다. 그리고 아내가 산부인과에 두 번째 갈 때부터는 제가 동행했습니다. 저는 태어나서 처음으로 산부인과에 가 보았습니다. 저는 접수를 어떻게 하는지, 아내가 임신 검사를 어떻게 하는지, 복중에 있는 아이를 어떻게 확인하는지에 대해 아무것도 몰랐습니다.
　미혼인 형제자매 여러분!
　이 글을 잘 읽고 저와 같은 경험을 하지 않았으면 하는 바람입니다.

　임신을 확인 하는 방법은 두 가지가 있습니다.

　첫째, 자매들이 결혼한 후, 생리해야 할 시기에 생리를 하지 않게 되면 임신 테스트기를 구입하여 집에서 간단하게 검사를 할 수 있습니다. 시중에 나와 있는 테스트기의 성능은 아주 좋습니다. 사용법도 아주 간단합니다. 설명서를 잘 읽어보시면 됩니다. 잘 확인하신 후에 사용하세요. 그렇지 않으면 또 돈이 들어갈 수도 있습니다. 이렇게 임신 사실이 확인이 되면 가까운 산부인과 중에서 9개월 정도를 다니게 될 병원을 결정하시면 됩니다.

이때 병원 고려사항을 제 개인적인 생각으로 말씀드리겠습니다. 집과 가까운 병원, 규모가 있는 병원(긴급 상황일 때 수술을 할 수 있어야 하기 때문), 제왕절개보다는 자연분만을 추천하는 병원, 산후조리원이 같이 있는 병원, 이렇게 4개 정도의 고려 요인이 있습니다. 이 요인들을 잘 고려하여 선택하시면 됩니다.

둘째, 결정된 산부인과에 가서 접수를 합니다. 그러면 접수 후에 몸무게와 혈압 등을 잽니다. 그리고 산부인과 선생님과 상담 후에 초음파를 통해서 임신 여부를 확인하게 됩니다. 확인이 되면 다시 소변 검사와 혈액 검사를 합니다. 그리고 집에 가시기 전에 산모수첩을 발급 받게 됩니다. 산모수첩은 아이를 임신한 여성에게만 부여되는 훈장 같은 것입니다. 그런 후에 국가에서 산모들을 위해서 지원해 주는 카드가 있습니다. 산모카드를 발급 받는 절차는 산모수첩을 주시는 분이 자세하게 설명해 주십니다.

그리고 매달 한 번씩 산부인과에 내원을 해서 아이의 상태를 검사하게 됩니다. 이때 예비 아빠, 엄마는 초음파 사진을 통해서 아이와 만나게 됩니다. 처음에는 점 같은 것이 보입니다. 이때도 생명은 있습니다. 그 작은 생명에 심장이 펄떡펄떡 뜁니다. 이 소리를 들으면 묘한 기분이 듭니다. 저도 이 소리를 들을 때마다 제 가슴이 쿵쾅쿵쾅 거렸습니다. 다음달에 오면 머리, 손, 다리 등이 만들어지고 또 다음달에 오면 점점 사람 모습을 갖추고 있습니다. 이때가 생명의 신비로움이 느껴지기 시작합니다. '나도 똑같은 과정을 거쳤구나'라는 감탄과 감사가 절로 나오게 됩니다.

임신은 부부 사이에 많은 것을 바꿉니다. 일단 아내는 5개월이 될 때까지는 몸을 조심해야 합니다. 무거운 것 들기, 과로, 많이 서 있기 등을 피해야 합니다. 왜냐하면 5개월까지는 아기가 엄마 자궁에서 자리를 잡아야 하고 여러 가지 장기들이 만들어지기 때문입니다. 그래서 여자들은 5개월까지 여러 가지 조심을 해야 합니다. 이때 철분제와 엽산제도 먹기 시작합니다. 철분제와 엽산제는 진료하신 산부인과 선생님들이 피검사에서 나온 수치를 보시며 양을 조절해 주십니다. 꼭 약을 챙겨 드셔야 합니다. 그래야 아이가 건강해집니다. 이 때는 엄마의 먹는 것, 잠자는 양, 기분 좋은 일 등이 아기에게 영향을 주기 때문에 모든 것을 조심해서 하셔야 합니다.

임신 기간은 하나님이 주신 귀한 축복의 시간입니다. 새로운 생명이 태어나기 전에 마음과 몸이 준비되는 것처럼, 남편도 아빠가 되기 위한 준비를 해야 합니다. 정신적으로도 성숙해야 하고 육체적으로도 건강해져야 합니다. 왜냐하면 아이가 세상에 나오면 많이 바빠지기 때문입니다. 임신의 기쁨은 말로 다 표현할 수 없습니다. 왜 성경에서 하나님께서 아이는 기업이라고 하셨는지 알 수 있게 됩니다.

> 보라 자식들은 여호와의 기업이요 태의 열매는 그의 상급이로다(시 127:3, 개역개정).

> Sons are a heritage from the LORD, children a reward from him (시 127:3, NIV).

> 자식은 주님께서 주신 선물이요, 태 안에 들어 있는 열매는, 주님이 주신 상급이다(시 127:3, 새번역).

2. 임신 기간 동안 남편이 준비할 일

임신 기간 동안 남편이 해야 할 일은 아주 많습니다.

첫째, 아내들이 해 왔던 일 중에서 무거운 것을 드는 일을 대신해 주어야 합니다.

또한 허리를 굽혀서 해야 하는 일, 높은 곳에 있는 물건을 내리거나 놓는 일, 집안 청소, 빨래 등을 함께해야 합니다. 집안일은 아내의 일이라는 편견에서 벗어나서 마치 내가 오래전에 해왔던 일처럼 생각하고 해야 합니다. 돕는다는 개념으로 접근해지면 몸이 피곤할 때 하기 싫어집니다. 돕는 게 아니고 내 일이라고 생각하는 게 가장 편합니다.

둘째, 아내에게 많은 관심을 가져주어야 합니다.

여자는 임신을 하게 되면 호르몬의 변화가 일어나서 자기의 기분 제어가 되지 않거나 몸이 마음대로 되지 않을 때가 많습니다. 이를 해결하기 위해서는 아내에게 관심을 많이 가져 주어야 하고 이야기를 많이 들어주어야 합니다. 임신하게 되면 일단 여자는 몸의 변화를 겪기 때문에 우울해지기도 합니다. 이때 남자들의 안정감 있는 태도는 아내로 하여금 임신이 축복 속에서 이루어졌고 출산해도 무리가 없겠구나 하는 생각을 하게 됩니다.

셋째, 예비 아빠들은 배 속에 자라는 아이들에게 책도 읽어주고 태동도 느껴봐야 합니다.

임신과 출산이 여자 혼자만의 문제가 아니라 가족 전체가 참여하는 과정이라는 것을 느껴야 하나님이 만드신 가정이 왜 그리도 아름다운지를 알게 됩니다. 남자 형제들은 꼭 기억하셨으면 합니다. 가정이 먼저라는 것을 잊지 마시기 바랍니다. 친구나 취미가 먼저가 아닙니다. 여자는 자신의 귀한 생명을 걸고 아이를 임신하고 출산을 하는 겁니다. 아내에게 축복된 말도 많이 해 주고 아내의 기분도 잘 맞춰 주시기 바랍니다.

넷째, 세상에 태어날 아이를 위해서 이름을 지어줄 준비를 해야 합니다.

저는 일단 태명을 지어서 불렀고, 아이가 태어나기 3일 전까지 작명을 하지 못했습니다. 아이의 이름을 가지고 그렇게 기도를 했지만 하나님께서 감동을 주지 않으셨습니다. 저는 엄청 고민을 했습니다. 9개월 정도 고민했습니다. 그런데 어느 날 빗속에서 차분히 걷고 있는데 하나님의 고요한 음성이 있었습니다. 그리고 이름을 주셨습니다. 기분이 무척 좋았습니다. 여러분들도 꼭 아이의 이름을 작명해 주셨으면 합니다.

그리고 아이를 위한 찬양, 책 읽기, 기도를 해 주시기 바랍니다 배 속에 아이가 자라기 시작하면서 태동을 하는 느낌은 놀랍습니다. 아빠는 찬양도 불러주고 성경도 읽어주고 기도도 해 주는 소중한 추억을 가져야 합니다. 아내와 아빠와 아이가 혼연일체가 되어서 임신의 과정을 거쳐야 합니다. 그러면, 아이가 세상에 태어났을 때 그렇게 소중해 보일수가 없습니다.

형제들이여!
임신을 여자 혼자만의 몫이라고 생각하셨다면 그런 생각은 이제 버리시기 바랍니다. 임신은 절대 여자 혼자서 하는 것이 아닙니다. 씨앗을 뿌렸으면 뿌린 만큼 최선을 다해야 합니다.

아빠가 최선을 다해서 아이와 공감하면 아이는 아빠의 목소리에 반응합니다. 노래를 불러주면 조용히 잠을 잡니다. 그리고 아이에게 웃어주면, 아이도 웃어줍니다. 이때의 기분은 어떤 것으로도 표현할 수 없습니다. 그리고 아이가 자라서 "아빠"라고 말을 할 때의 기분은 하늘을 날 것 같은 기분입니다. 이때 비로소 우리는 하나님을 더 뜨겁게 만날 수 있게 됩니다. 우리가 기도할 때 하나님 아버지를 찾는 목소리를 내면, 하나님도 그렇게 반가워하실 겁니다. 이런 느낌은 육아에 정말 열심히 참여한 형제만이 누릴 수 있는 감정이라고 생각합니다. 최선을 다하는 아빠가 되어 보세요. 아이는 정말 멋지게 자랄 것입니다.

3. 임신 기간 동안 아내가 준비할 일

다음은 제가 아내의 임신을 지켜보고 아내에게 들은 이야기에 토대를 두고 있습니다. 제가 여자의 입장이 아니어서 그 모든 것을 대변할 수 없을지도 모릅니다. 하지만 저도 다둥이 아빠로서 지켜본 경험이 있기 때문에 여러분들에게 도움을 드릴 수 있을 것입니다.

첫째, 임신을 하게 되면 여자는 호르몬의 변화가 일어나서 몸의 상태가 바뀝니다.

이 사실을 인지하고 받아들이셔야 합니다. 그래야 자신이 괴롭지 않습니다. 그렇지 않으면 자신이 왜 그러는지를 받아들일 수 없기 때문에 더 힘이 듭니다. 이때 남편에게 꼭 자신의 상태를 말로 표현해야 합니다. 그래야 남편이 오해하지 않고, 아내가 불편해하지 않게 배려할 수 있습니다. 꼭 자신의 불편함이 있다면 말로 표현해 주세요. 자존심이 아닌 자존감을 높여서 자신의 감정을 표현해 보세요. 자신의 감정을 표현하는 것을 자존심 상하는 일로 여겨서는 안 됩니다. 그러면 서로가 곤란해지는 상황이 발생할지도 모릅니다.

둘째, 정해진 시간에 병원에 내원하셔서 정기적인 검진을 받으시기 바랍니다.

그래야 자신과 아이의 건강 상태가 어떤지를 알고 대처할 수 있습니다. 첫 임신은 여자에게 중요합니다. 모든 것이 처음이기 때문에 모든 순간이 두려움의 대상일 수 있습니다. 그렇기에 의사 선생님의 말씀은 환경적인 안정을 취하는 데 많은 도움을 주게 됩니다.

셋째, 철분제와 엽산제의 복용의 시기가 있습니다.

귀찮더라도 이 시기에는 복용을 잊지 마시고 꼭 드시기 바랍니다. 철분제와 엽산제를 복용을 하지 않아서 영양이 부족하게 되면 아이에게도 좋지 않고 엄마에게도 좋지 않은 영향을 미치게 됩니다. 시간에 맞추어서 약을 챙겨 먹는 것이 여간 힘들지만 소중한 아이와 자신의 건강을 위해서 꼭 잊지 말고 챙겨 드셔야 합니다.

넷째, 임신을 하게 되면 먹는 양이 달라집니다.

아이를 위해서 되도록 많이 드셔야 합니다. 엄마는 일단 2사람의 생명이 한 몸에 있기 때문에 많은 영양소가 필요합니다. 그래야 아기가 잘 자랄 수 있습니다. 엄마의 부족한 영양소 때문에 아이가 불균형하게 자란다면 엄마가 많이 속상해질 겁니다.

다섯째, 적당한 운동이 필요합니다.

이는 나중에 아이가 세상에 잘 나올 수 있도록 여자의 몸 구조를 만드는 이유도 있고, 임산부 자신의 건강 상태를 위해서도 필요합니다. 일단 산모가 건강해야 아이도 건강합니다. 산모가 먹는 것이 부실하면 아이도 부실합니다. 아이는 엄마의 모든 것을 닮습니다. 엄마가 기쁘면 아이도 기쁘고 엄마가 슬프면 아이도 슬픕니다. 엄마와 아이가 모두 건강할 수 있도록 운동은 필수입니다.

여섯째, 임신 초기에 의사의 처방전이 없는 약은 드시면 안 됩니다.

이 점은 절대 명심하시기 바랍니다. 아이에게 치명적이 될 수 있습니다. 저희 아내는 아이 4명을 임신하는 동안, 아이에게 안 좋은 영향을 미칠 수 있다며 약을 먹지 않았습니다. 저는 그때 비로소 여자는 약하나 엄마는 강하다는 말을 실감할 수 있었습니다.

일곱째, 좋은 음악 듣기, 좋은 책 읽기가 태아에게 참 좋습니다.

이는 태아 관련 책들이 하나같이 말하고 있습니다. 좋은 음악과 좋은 책은 아이의 성격 형성에 좋은 영향을 주기 때문에 좋은 생각, 좋은 마음, 좋은 말을 사용하셨으면 합니다. 행복한 아이를 낳았으면 합니다.

 4. 출산 준비물

제가 다둥이 아빠라서 출산과 관련된 경험이 남들보다 좀 더 많습니다. 제 경험을 토대로 여러분들도 실수를 줄이셨으면 합니다.

출산 준비물은 크게 볼 때, 먼저 100일 전까지의 물건이 있고, 100일에서 첫돌까지 필요한 물건이 있습니다. 그리고 그 이후의 물건들이 있을 수 있습니다.

첫째, 태어나서 100일 전후까지 필요한 물건들이 있습니다.
아이가 엄마 배 속에서 태어나면 필요한 것이 바로 배냇저고리가 있습니다. 처음에는 이 옷만 입습니다. 아이가 너무 작기 때문에 내복을 입을 수 없습니다. 아이에게는 배냇저고리보다 좋은 옷이 없습니다. 보통 병원에서 태어나면 이 옷은 2-3벌 정도 주게 됩니다. 아마도 처음에 아이에게 입혀야 할 배냇저고리 10벌 이상은 준비하시는 게 좋습니다. 아기용품점에 가시면 옷감이 좋은 걸로 많이 있습니다. 그리고 아기 용품은 처음에는 꼭 삶아서 햇볕에 말리는게 좋습니다.

아이가 한 달 정도가 지나면 내복을 입힙니다. 이때 아이 크기에 맞는 내복이 필요합니다. 그리고 속싸개와 겉싸개가 필요합니다. 아이는 태어나면 체온 조절을 할 수 없습니다. 그래서 보온에 신경을 써야 합니다. 그렇지 않으면 금방 감기에 걸립니다.

보통 아이는 100일 전후에는 잘 아프지 않습니다. 왜냐하면 엄마의 항체를 가지고 태어나기 때문이라고 합니다. 그런데 100일 전후에 열이 나면 반드시 전문 소아과 병원으로 가셔야 합니다.

그리고 아이 기저귀와 아기 띠가 필요합니다. 아이의 개월 수에 따라 적절한 아기 띠가 있습니다. 아주 작은 아이를 위한 띠도 있습니다. 그런데 보통 아이는 100일 이후에 업는 게 좋을 듯합니다. 왜냐하면 아이가 목을 가눌 때 비로소 업을 수 있는데 아이가 100일 전후에 목을 가눌 수 있기 때문입니다.

둘째, 100일 이후에는 계절에 맞는 옷들이 필요합니다.

이때는 선물로 들어오는 옷이 많기 때문에 그때그때 필요한 옷은 구입하는게 좋습니다. 그런데 아이는 100일까지는 태어날 때 몸무게의 2배로 자랍니다. 그렇기 때문에 옷이 많이 필요하지 않습니다.

그러나 꼭 필요한 것은 바로 유모차입니다. 이 유모차의 가격이 천차만별이기 때문에 유모차를 구입하실 때 아이를 여러 명 낳으실 예정이라면 처음에 좋은 것을 구입하시기 바랍니다. 왜냐하면 싼 것을 사서 쓰다 보면 금방 고장이 나서 동생 낳을 때 쯤이면 다시 구입을 해야 하기 때문입니다. 처음에 조금 튼튼한 것을 구입하면 좋습니다. 이때 유모차는 휴대용과 조금 크고 넉넉한 것 두 가지 모두를 구입하시면 여러모로 이용하실 때 편리합니다.

셋째, 목욕용품이 필요합니다.

목욕용품도 아이를 많이 낳으실 예정이라면 좋은 품질을 가지고 있는 것을 선택하셔야 나중에 후회하지 않습니다. 아이가 자라면서 여러 가지 필요한 것들이 나타납니다. 저희는 나중에 머리 감기는 의자도 구입했습니다. 아이들이 머리감는 것에 힘들어 해서 편안히 누워서 머리를 감을 수 있게 만들어진 의자를 구입한 것입니다. 저희는 이 물건을 발견하고 횡재한 기분이었습니다.

넷째, 아기띠가 필요합니다.

아기띠는 여러 가지 종류와 모양이 있습니다. 여러 가지 정보를 획득하신 후에 본인이 가장 많이 사용할 수 있는 것을 취사 선택하시면 좋을 듯합니다. 저희가 추천해 드리는 아기 띠는 아기를 앞과 뒤로 업을 수 있는 제품입니다. 왜냐하면 아이를 앞으로만 업으면 허리가 너무 아프기 때문입니다.

다섯째, 아이가 아플 때를 대비하여 체온계를 필수적으로 준비해야 합니다.
체온계는 귀 체온계와 겨드랑이 체온계, 각각 한 개씩 준비하셔서 아이의 온도를 측정하는 게 좋습니다. 비접촉식 체온계는 제가 사용해 보니 비추천입니다. 하지만 이것은 제 개인적인 취향이니 이 글을 읽는 형제자매님들에게 최종 선택은 남깁니다. 아무쪼록 출산 준비물을 잘 준비하시길 기도합니다.

5. 출산

아이가 아내의 배 속에 자리를 잡고 조금씩 자라나서 아내의 배가 점점 불러왔습니다. 그리고 5개월 이상 되었을 때 태동이 느껴지는데, 웃기기도 하고 신비롭기만 합니다.

그 아이의 얼굴은 어떻게 생겼을까?

아이의 목소리는 어떨까?

키는 얼마나 클까?

운동은 좋아할까?

자전거를 잘 탈까?

아빠랑 잘 놀아 줄까?

온갖 궁금해지는 것이 많아집니다. 저는 궁금한 것이 많아졌습니다. 아이와 할 일도 많아질 것에 대해서 혼자 생각을 하면서 웃는 일도 많아졌습니다.

드디어 40주의 시간은 지나 첫아이가 세상에 나올 때가 되었습니다. 아내의 배는 더 이상 부르지 못할 만큼 많이 불렀고 아내는 힘들어 했습니다. 저희 부부는 첫아이라 아무것도 모르니 진통이 온 줄 알고 병원에 갔습니다. 하지만 의사 선생님은 가진통이니 집에 가서 아프면 다시 오라고 하셔서 다시 집으로 돌아 왔습니다.

또 2박 3일을 그렇게 보내고 더 큰 진통이 와서 병원으로 갔습니다. 드디어 아가가 나올 시간이 되었다고 했습니다. 그런데 초산이라서 그런지 진통 시간이 천천히 흘러갔습니다. 25시간이나 진통을 했습니다. 그 시간 동안 저는 아내의 손을 잡고 엉엉 울었습니다.

'이렇게 여자들이 힘들게 아이를 낳는구나. 엄마가 그렇게 힘이 드셨구나.'

제 아내는 무통 분만을 하지 않았습니다. 자기는 그렇게 엄마가 되는 것이 싫다고 했습니다. 그렇게 힘든 고통을 참아 준 아내에게 감사했습니다.

늦게 진행되는 진통의 시간이었지만 결국은 마지막 진통의 시간이 와서 저희 첫아이가 세상에 나왔습니다. 아이가 나오던 모습을 지금도 기억하고 있습니다. 까만 머리카락을 가지고 있는 아이의 머리가 보였고, 양수 속에 있다 나온 약간은 부은 인간이지만 하나님이 주신 귀한 선물인 아기였습니다. 그때의 감격은 이루 말할 수 없을 만큼 놀라웠습니다. 감사했습니다. 아들이었습니다. 첫아이가 아들이라서 저는 뿌듯하고 행복했습니다. '아브라함 할아버지가 아들 이삭을 얻었을 때 얼마나 행복하셨을까'라는 생각이 들었습니다.

엄마 배 속에서 처음 나온 아이는 울음소리로 자신의 존재를 알립니다. 저희 집 큰아이는 그렇게 엄마 배 속에서 건강하게 나왔습니다. 아내를 간호하면서 아이를 돌보았습니다. 생명의 신비를 느꼈습니다. 아이는 엄마 배 속에서 나오자마자 엄마 젖을 빨고 태변을 보는 행동을 하는 것이 신기했습니다. 아이는 자기의 몸이 불편(배고픔, 기저귀가 젖음, 아픔)하면 울음으로 알려 주는 것도 신기합니다. 그렇게 저는 한 남자에서 남편으로, 그리고 아빠로 되어 가고 있었습니다.

아이에게도 출산은 전혀 새로운 경험이라고 합니다. 엄마 배 속에 있을 때는 엄마와 연결된 태반을 통해서 영양분을 공급받고 호흡을 하고 양수 속에서 중력을 거스르며 살았었는데, 세상에 태어난 순간 아이는 엄마로부터 단절됨을 느끼고 자기 스스로 호흡해야 하며, 배변도 스스로 해야 합니다. 먹는 것은 혼자할 수 없으니 자기를 돌보는 사람에게 알려야 합니다. 할 일이 정말 많아지는 것입니다. 그 아이는 엄마와 아빠와 합쳐지면서 안정감과 편안함을 가지며 잘 자라게 됩니다. 아이의 태어남은 큰 축복입니다.

청년 형제자매 여러분!
귀한 하나님의 축복을 받은 결혼의 열매로 주신 하나님의 귀한 아이를 잘 키워내시는 축복을 받으시기 바랍니다. 훌륭한 인격을 갖춘 부모가 되어서 아이가 필요할 때, 평안하고 멋진 모습으로 아이를 안아주고 보듬어주는 부모님이 되시기를 기도합니다.

 6. 출산 후 겪는 문화적 충격에서 이겨 내기

아이를 출산하고 집으로 돌아왔습니다. 처음엔 정말 신기하고 즐거웠습니다. 그렇지만 그건 잠깐의 단 꿈이었습니다. 아이는 시도 때도 없이 울었습니다. 처음엔 아이가 왜 우는지를 몰라서 괴로웠습니다. 그런데 아이를 여러 명 키우다 보니 아이가 울 때는 크게 3가지 이유가 있습니다.

첫째, 아이가 배고플 때입니다.
아이는 말을 할 수 없기 때문에 배가 고프면 자기의 상태를 울음으로 표현합니다. 아이가 배고플 때 모유와 우유를 먹이는 방법이 있습니다. 저희 아내는 4명의 아이 모두를 모유를 먹여서 키웠습니다. 모유는 아이에게 아주 좋은 음식입니다. 하지만 여자에게는 너무도 험난한 시간입니다. 일단 모유는 소화가 우유보다 빠릅니다. 그래서 모유를 먹고 1-2시간이 지나면 아이는 배고프다고 칭얼댑니다. 이게 가장 힘든 점입니다. 엄마는 아이를 낳은 지가 얼마 안되서 몸이 회복이 안 되어 있습니다. 그런데 아이는 자꾸 보채서 엄마는 힘이 듭니다. 그래서 피곤이 겹치게 되고 육아 전쟁이 시작됩니다.

그래서 아이에게 모유를 먹일지와 우유를 먹일지는 선택하셔야 합니다. 반면에 우유는 아이가 먹고 나면 소화 시간이 길기 때문에 시간적인 여유가 있습니다. 하지만 여러 가지 장점과 단점이 있기 때문에 부모님의 선택에 따라서 모유냐, 우유냐를 선택해야 합니다.

둘째, 아이 기저귀가 젖었을 때입니다.
아이가 어릴수록 기저귀를 빨리 갈아 주어야 합니다. 그래야 아이는 혼자 놀 수 있습니다. 아이 교육에 관한 책은 여러 가지 학설이 많습니다. 그 부분에 있어서는 형제자매님들의 선택에 맡기겠습니다.

셋째, 아이가 아플 때입니다.
이때가 가장 어렵습니다. 아이가 잘 놀다가 놀지 않거나 갑자기 잘 먹지 않으면 아이의 상태가 좋지 않은 것입니다. 이때는 얼른 체온계로 아이의 온도를 측정하고 소아과와 이비인후과를 가 보셔야 합니다. 저희는 아이가 아플 때 소아과와 이비인후과를 다녀옵니다. 왜냐하면 아이는 대체적으로 열이 나는 경우가 목이 아파서 열이 많이 나기 때문입니다. 그리고 아이들은 감기에 걸리면 중이염이 함께 오기 쉽습니다. 그렇기 때문에 이비인후과에서 아이의 귀 상태를 꼼꼼히 살펴보시고 아이에 맞는 치료를 하시는 게 좋습니다.

물론 이외에도 다른 원인이 있을 수도 있지만 이 3가지인 경우가 많습니다. 저도 처음에 아무것도 모르는 초보 아빠였습니다. 그래서 아이가 필요한 것이 무엇인지를 몰랐습니다. 저는 아이 기저귀 가는 법, 아이가 울 때 달래는 법, 아이가 모유나 우유를 먹은 후 트림을 시키는 방법을 몰랐으며, 목욕 시키는 법도 몰랐습니다.

신기하지만 이상하기도 한 아이. 남자 어른은 그렇게 아이와 동거를 시작합니다. 저도 첫아이는 그렇게 키웠습니다. 처음엔 신기했지만 시간이 갈수록 몸과 마음은 지쳐가고 '아! 이게 뭔가 잘못 되었다'는 느낌도 들었습니다. 그러나 제가 제 자신을 잘 알지 못했던 겁니다. 제가 뭐가 부족한지를 알지 못했던 겁니다.

제 아내는 모유를 먹여서 아이를 키우다 보니 힘이 들고 지쳐 갔습니다. 저도 아이 때문에 힘이 들다 보니 아내에게 짜증도 내고 화도 냈습니다. 그렇게 준비되지 못한 부모였기에 서로에게 상처를 주기도 했습니다. 물론 나중에 회개 기도를 했습니다. 그러나 제 자신 안에 있는 추함은 아내를 힘들게 했습니다.

청년 형제자매 여러분!
꼭 변하지 못한 자신의 모습을 위해서 기도를 해야 합니다. 결혼하게 되면 변하지 않은 자신의 모습은 상대를 찌르는 무기가 되어서 돌아옵니다. 정말 무섭습니다. 저도 그 덫에서 벗어나지 못했습니다. 저는 그때의 시간을 통해서 하나님을 더 가까이서 만날 수 있었습니다. 사람은 바뀌기 힘들고 불평만 하는 존재라는 것을 깨달았습니다.

'차라리 아이가 배 속에 있을 때가 더 편했어.'

이런 마음이 많이 들기도 했습니다. 서로 잠을 못자니 정말 피곤했던 것입니다.

저는 형제들에게 부탁하고 싶습니다. 아기도 세상에 나와서 적응하기까지는 제가 보기엔 6개월 정도가 걸리는 것 같습니다. 그래야 조금은 몸도 가누고 세상을 알아 가는 것 같습니다. 하나님의 나라에서 살다가 세상의 나라로 와서 적응하는 시간이 그 정도는 걸리지 않을까 생각해 본 것입니다. 그리고 엄마들도 아기를 낳고 회복되는 데까지 걸리는 시간이 최소한 100일 이상, 대략 6개월 정도가 걸립니다. 이때는 남편들이 아내들에게 무조건 복종해야 한다고 봅니다. 그래야 아내가 편안하게 산후조리를 끝내고 건강하게 자리로 돌아와서 아이를 잘 키워줄 수 있습니다.

아이를 낳고 나면 문화적 충격이 상당합니다. 아마도 제가 말한 내용보다 더 클 것입니다. 꼭 자신의 변하지 않는 모습을 위해서 기도하고 준비하시길 바랍니다.

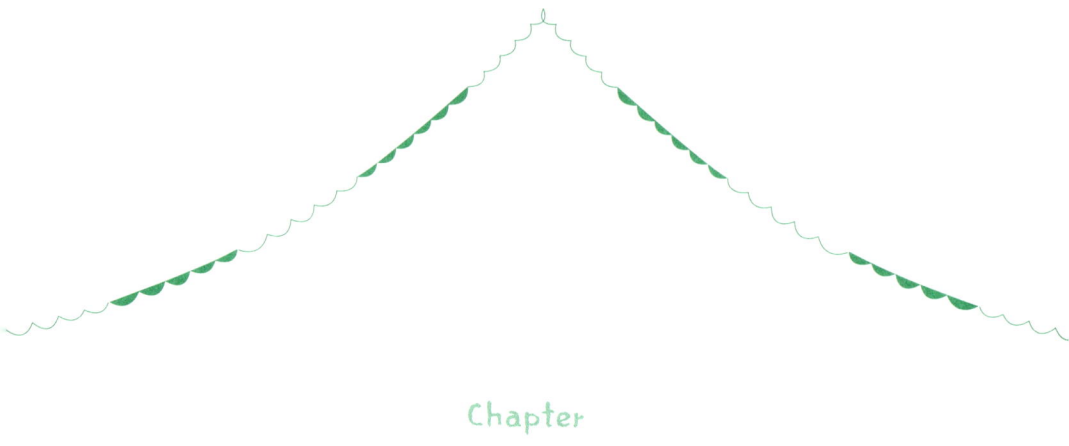

Chapter

6

아이와 부모

 ## 1. 아이는 하나님이 주신 선물인가?

1 여호와께서 집을 세우지 아니하시면 세우는 자의 수고가 헛되며 여호와께서 성을 지키지 아니하시면 파수꾼의 깨어 있음이 헛되도다
2 너희가 일찍이 일어나고 늦게 누우며 수고의 떡을 먹음이 헛되도다 그러므로 여호와께서 그의 사랑하시는 자에게는 잠을 주시는도다
3 보라 자식들은 여호와의 기업이요 태의 열매는 그의 상급이로다
4 젊은 자의 자식은 장사의 수중의 화살 같으니
5 이것이 그의 화살통에 가득한 자는 복되도다 그들이 성문에서 그들의 원수와 담판할 때에 수치를 당하지 아니하리로다(시 127:1-5, 개역개정).

1 Unless the LORD builds the house, its builders labor in vain. Unless the LORD watches over the city, the watchmen stand guard in vain.
2 In vain you rise early and stay up late, toiling for food to eat-- for he grants sleep to those he loves.
3 Sons are a heritage from the LORD, children a reward from him.
4 Like arrows in the hands of a warrior are sons born in one's youth.

5 Blessed is the man whose quiver is full of them. They will not be put to shame when they contend with their enemies in the gate (시 127:1-5, NIV).

1 주님께서 집을 세우지 아니하시면 집을 세우는 사람의 수고가 헛되며, 주님께서 성을 지키지 아니하시면 파수꾼의 깨어 있음이 헛된 일이다.
2 일찍 일어나고 늦게 눕는 것, 먹고 살려고 애써 수고하는 모든 일이 헛된 일이다. 진실로 주님께서는, 사랑하시는 사람에게는 그가 잠을 자는 동안에도 복을 주신다.
3 자식은 주님께서 주신 선물이요, 태 안에 들어 있는 열매는, 주님이 주신 상급이다.
4 젊어서 낳은 자식은 용사의 손에 쥐어 있는 화살과도 같으니,
5 그런 화살이 화살통에 가득한 용사에게는 복이 있다. 그들은 성문에서 원수들과 담판할 때에, 부끄러움을 당하지 아니할 것이다(시 127:1-5, 새번역).

위 성경 말씀은 자녀가 여호와의 기업이고 상급이라고 말씀합니다. 하지만 저희들의 마음에는 갈등과 고통이 따릅니다. 아이가 아주 어렸을 때는 부모가 아이에게 해 줄 것이 별로 없고 아이도 아직 자기 고집이 만들어지기 전이기 때문에 부모는 아이를 관리하기가 편합니다. 아이가 조금 더 자라면 목을 가누고 손발을 움직이면서 뒤집

기를 시도합니다. 이때만 해도 부모는 아이의 움직임 때문에 기쁨을 감추지 못합니다. 그러다가 기어 다니면 더 큰 기쁨을 얻습니다.

그러나 물건을 잡고 서거나 걸어다니면 이때부터는 여러 가지 애로사항이 많습니다. 여러 가지 물건들을 만지고 던지고 빨고 부모의 정신을 쏙 빼놓습니다.

가장 어려운 것은 아이가 걸어다니고 말을 조금씩 배우면서 자기 고집이 강해지는 것입니다. 심리학적으로 보면 자아가 만들어지기 때문에 좋은 일임에 틀림이 없습니다. 하지만 부모는 아이가 어찌될까 봐 마음이 조마조마 합니다. 저도 이런 과정을 겪었고 겪고 있습니다. 그럴 때마다 부모는 아이가 하나님께서 주신 선물이 맞는가 하면서 고민을 합니다.

제가 말씀드리고 싶은 것은 아이는 하나님께서 주신 선물이 맞습니다. 우리는 자녀를 대할 때 주인의 삶이 아니라 청지기의 삶을 살아야 합니다. 그래야 저희의 욕심대로 아이를 키우지 않습니다. 하나님은 우리에게 청지기의 삶을 살기를 원하십니다.

> 감독은 하나님의 청지기로서 책망할 것이 없고 제 고집대로 하지 아니하며 급히 분내지 아니하며 술을 즐기지 아니하며 구타하지 아니하며 더러운 이득을 탐하지 아니하며(딛 1:7, 개역개정).

> Since an overseer is entrusted with God's work, he must be blameless--not overbearing, not quick-tempered, not given to drunkenness, not violent, not pursuing dishonest gain(딛 1:7, NIV).

> 감독은 하나님의 청지기로서, 흠잡을 데가 없으며, 자기 고집대로 하지 아니하며, 쉽게 성내지 아니하며, 술을 즐기지 아니하며, 폭행하지 아니하며, 부정한 이득을 탐하지 아니하는 사람이라야 합니다(딛 1:7, 새번역).

청지기의 삶은 자기 고집대로 하지 않으며, 쉽게 성내지 아니하지 않으며, 폭행하지 않으며, 부정한 이익을 탐하지 아니하는 삶이라고 합니다. 하나님께서 주신 귀한 선물을 아끼며 잘 키워나가야 할 것입니다. 아이가 말을 듣지 않을 때 많은 고민이 들기도 하고 후회도 됩니다.

그러나 우리 자신의 과거 모습을 회상해 보면 아이들의 그러한 모습이 어느 정도 이해가 됩니다. 왜냐하면 우리 자신도 자랄 때 부모의 마음을 속상하게 한 적이 많이 있었기 때문입니다. 그렇게 생각해 보니 마음이 편안해졌습니다. 아이가 이런 과정을 거치면서 자란다는 것을 제가 잊어버렸던 것입니다. 왜 성경에서 욕심을 버리라고 했는지를 조금은 알 수 있었습니다.

아이가 자라면서 부모에게 주는 큰 기쁨은 부모 앞에서 잘 웃어줄 때입니다. 저희 부부도 아이들이 저희 앞에서 행복하게 웃어줄 때가 정말 기쁩니다. 그러나 그럴 때마다 아이에 대한 욕심이 스멀스멀 올라옵니다. 그럴 때 우리는 하나님 말씀을 의지해서 아이에 대한 욕심을 버려야 합니다. 그러면 마음이 편안해집니다. 오직 주님만이 아이를 양육해 주실 것을 믿고 기도하며 준비해야 합니다.

그런데 명심할 일이 있습니다. 아이에게 훈육할 때 성경의 말씀으로 기준을 잡고 훈육할 필요가 있고, 부모가 반드시 그 기준을 따라야 한다는 것입니다. 아이들은 반드시 부모가 훈육한 것을 기억하고 있다가 다시 부모에게 그 화살을 보냅니다. 자신부터 성경 말씀을 실천하고 사회의 법도 지켜 나가는 모범적인 부모가 되십시오. 그러면 아이들은 바르게 자라날 것입니다.

2. 부모가 된다는 것

여자는 아이를 낳고 나면 몸도 힘들고 호르몬 변화도 심해져서 산후우울증이 옵니다. 이때는 예배도 못가고 말씀의 기근도 일어납니다. 이때 형제님들이 깨어 기도하면서 가정을 이끌고 나가야 합니다. 그래야 자매가 필요한 것들을 채워 줄 수 있습니다. 저도 첫아이 때는 철이 덜 들 때라 그런 부분들을 감당하지 못했습니다. 그때를 생각하면 제 아내에게 많이 미안해집니다.

사람의 아이는 오래도록 부모의 도움이 필요합니다. 그러나 동물의 새끼들은 그리 오랜 시간이 필요하지 않습니다. 저는 아이를 키워보면서 하나님을 깊이 만나게 되었습니다. 처음에 인간 아이는 태어나서 할 수 있는 것이 거의 없습니다. 부모님의 도움이 100% 필요합니다. 젖먹는 것, 씻는 것 등 엄마와 아빠가 같이 있어야만 합니다. 그러다가 6개월이 지나면서 서서히 뒤집고, 기어다니고, 그러다가 잡고 서고, 걷게 됩니다. 걷게 되면서 아이는 말도 하고 자아가 완성되어 갑니다. 그 시간 동안 아이와 부모의 애착 형성이 어떻게 형성되는가에 따라서 아이의 인격은 완성되어 갑니다.

　저는 큰아이를 키울 때 시간 강사를 하였고 아내는 직장생활을 하고 있었습니다. 그래서 아내가 직장에 갈 때 제가 아이를 돌보고 있다가 강의 시간이 되면 다른 곳에 맡기곤 했습니다. 그런데 이때 제가 잘못 한 게 있었습니다. 아이를 교회 집사님 댁 여러 곳에 맡겼던 것이었습니다. 이것은 심리학적으로 아이를 불안하게 한다고 합니다. 저는 나중에 이 사실을 알고 많이 후회했습니다. 큰아이에게 미안했습니다. 아이를 키울 때 양육자가 자주 바뀌면 안 좋습니다. 부모님들이 아이를 맡아서 키우시기 바랍니다. 그것이 아이에게 가장 좋은 일입니다.

　물론 그때 저희 부부가 주 양육자로서 아이를 양육하며, 아이를 잠깐 맡겼지만, 그 시간이 아이에게 불안한 시간이었을 것을 생각하니 가슴이 아팠습니다. 그때는 잘 몰랐습니다. 말도 통하지 않는 어린아이를 남의 집에 맡긴다는 생각을 한 제가 어린아이였던 것입니다. 그래도 지금은 잘 커준 큰아이가 기특합니다. 하나님이 지켜 주셔서 가능했던 일입니다.

　아이가 드디어 백일이 되자 처음에 태어났을 때보다 두 배로 성장했습니다. 그 이후로는 천천히 자랐습니다. 그런데 아이는 백일이 지나자 많이 아팠습니다. 나중에 안 일이지만 제가 제 아이를 밖으로 많이 데리고 다닌 것이 큰 원인이었습니다. 그 이후에 저는 생각을 바꾸었습니다. 둘째 아이는 6개월까지는 외출을 자주 하지 않았습니다.

이렇게 부모가 된다는 것은 모든 것이 처음입니다. 그 처음 시간을 어떻게 맞이하느냐에 따라서 더 조심성 있는 부모가 되느냐 덜렁이는 부모가 되느냐가 고착될 수 있습니다. 그런데 신기한 것은 시간이 지나면서 둘째 아이부터는 마음의 여유가 생겨납니다. 제가 보기에 시간이 지나면서 부모도 자란다는 생각이 듭니다.

아이를 기르는 부모가 된다는 것은 자신을 하나님 앞에 내려놓는 것입니다. 그러나 부모는 아이를 자신의 뜻대로 키우고 싶어 합니다. 부모가 된다는 것은 청지기의 삶을 사는 것이라고 보시면 됩니다. 부모가 된다는 것은 쉽지 않지만 꼭 한번 해볼 만한 일이라고 봅니다. 부모에게 다음의 말씀은 꼭 맞는 것 같습니다. 묵상해 보시면 좋을 것 같습니다.

> 내가 진실로 진실로 너희에게 이르노니 한 알의 밀이 땅에 떨어져 죽지 아니하면 한 알 그대로 있고 죽으면 많은 열매를 맺느니라(요 12:24, 개역개정).

I tell you the truth, unless a kernel of wheat falls to the ground and dies, it remains only a single seed. But if it dies, it produces many seeds(요 12:24, NIV).

내가 진정으로 진정으로 너희에게 말한다. 밀알 하나가 땅에 떨어져서 죽지 않으면 한 알 그대로 있고, 죽으면 열매를 많이 맺는다(요 12:24, 새번역).

부모는 아이를 위해서 썩어지는 한 알의 밀알이 되어져야 합니다. 그래야 또 하나의 하나님 나라가 확장되어 갑니다. 위 말씀을 잊지 마세요. 그러면 놀라운 은혜가 임할 것입니다.

3. 기도의 삶이 필요한 이유

우리는 하루를 살아 내면서 하나님께 얼마나 기도를 하는지 되돌아봐야 합니다. 새벽기도, 식사기도, 그리고 짬짬이 드리는 기도 등이 있을 것입니다. 저도 아이를 기르기 전에는 기도에 대해서 많은 생각을 하지 못했습니다. 왜냐하면 직장에서 일을 하다 보면 눈앞에 일 때문에 기도해야겠다는 기억 자체를 잊어버릴 만큼 제 삶에 빠지기 때문입니다. 이러다 보면 하루에 식사기도 외에는 기도를 하지 못하는 경우가 많습니다. 식사기도 시간은 정말 짧습니다. 이 짧은 식사기도도 잊어버린다면 우리의 삶 속에서 하나님 찾기는 너무 힘들 것입니다. 가끔은 삶 속에서 기도 시간이 전무할 때도 있을 것입니다.

그래서 저는 잠시 틈이 날 때마다 기도를 했습니다. 왜냐하면 아이들에게 필요한 것은 돈, 세상 지위, 권력이 아니라 기도라는 것을 깨달았기 때문입니다. 요즘 저는 시간이 날 때마다 기도합니다. 아이를 위해서 기도하는 시간이 그렇게 행복한지를 잘 몰랐습니다. 그 시간만이라도 기도를 하지 않는다면 아이를 위해서 기도할 시간이 없다는 것이 정말 슬펐습니다. '이렇게 우리가 바삐 사는구나. 이러다가 하나님도 잊어버리겠구나'라는 무서움이 들었습니다. 아마 이 글을 읽고 있는 형제자매님들도 공감하실 겁니다.

스마트폰으로 인해 우리는 너무 많은 것을 놓치며 살아가고 있습니다. 진짜 중요한 것이 무엇인지를 모르는 시대가 되었습니다. 세상의 뉴스에는 관심이 많지만 하나님의 소식에는 관심이 없을 때가 많습니다. 우리의 가십거리는 연예인 이야기, TV 드라마 이야기, 영화이야기가 주류를 이룹니다. 그런데 이런 이야기들은 하나님의 나라를 위해서는 필요가 없는 것들입니다. 이런 이야기들은 우리의 생각과 마음이 하나님으로부터 멀어지게 만듭니다. 참 고약한 친구들입니다.

이런 시간들을 조금씩만 줄이게 되면 충분히 하나님을 만날 수 있는 시간이 있을 것입니다. 부탁드립니다. 집에 있는 TV를 없애고 부부간에 대화를 하십시오. 그리고 아이가 태어나면 아이와 놀아주십시오. 그리고 기도하십시오.

꼭 기억하세요. 하루에 시간을 정해놓고 그 시간에는 하나님의 음성에 귀 기울여보세요. 하나님이 나에게 무엇을 말씀하고 싶으신지를 물어보세요. 처음에는 아무것도 들리지 않는 것 같아 답답할 때가 많을 겁니다. 하지만 시간이 지나다 보면 그 시간이 즐겁고 행복한 시간임을 느끼게 될 것입니다.

형제자매 여러분!
기도하세요. 하나님과 더 친해지세요. 세상 일들에 대해서 관심을 갖는 사람보다 하나님께 더 관심을 갖는 사람을 만나세요. 그 사람을 찾으세요. 저는 그런 사람을 찾았습니다. 그랬더니 하나님이 주신 축복이 많습니다. 행복하고 싶으세요. 하나님을 닮아가세요. 하나님을 애인으로 두세요. 정말 멋진 일이 많아집니다.

　세상에 대한 관심보다 성경을 읽고 기도하고 찬양하세요. 하루의 시간을 꼭 하나님을 위해서 드리는 시간을 가지다 보면 세상의 기쁨과 즐거움이 너무 초라하게 느껴질 것입니다. 저도 그렇게 하니 세상에 대한 관심이 줄게 되었습니다. 그래서 하나님께 다가갈 수 있게 되었고 지금도 가까이 다가가고 있는 중입니다.

　하루라는 시간은 참 길기도 하고 짧기도 합니다. 알차게 보내세요. 절대로 시간은 다시 오지 않습니다. 우리에게 주어진 육체의 시간을 잘 보내느냐에 따라서 자신의 변화된 시간은 쌓여갑니다. 그럴 때 하나님께서 쓰시고자 하는 시간이 더 빨리 다가오는 것 같습니다. 주어진 시간에 얼마나 열심히 살았는냐에 따라서 저희들의 그릇은 금그릇, 은그릇, 사기그릇이 됩니다.

> 20 큰 집에는 금 그릇과 은 그릇뿐 아니라 나무 그릇과 질그릇도 있어 귀하게 쓰는 것도 있고 천하게 쓰는 것도 있나니
> 21 그러므로 누구든지 이런 것에서 자기를 깨끗하게 하면 귀히 쓰는 그릇이 되어 거룩하고 주인의 쓰심에 합당하며 모든 선한 일에 준비함이 되리라(딤후 2:20-21, 개역개정).

20 In a large house there are articles not only of gold and silver, but also of wood and clay; some are for noble purposes and some for ignoble.

21 If a man cleanses himself from the latter, he will be an instrument for noble purposes, made holy, useful to the Master and prepared to do any good work(딤후 2:20-21, NIV).

20 큰 집에는 금그릇과 은그릇만 있는 것이 아니라, 나무그릇과 질그릇도 있어서, 어떤 것은 귀하게 쓰이고, 어떤 것은 천하게 쓰입니다.

21 그러므로 누구든지 이러한 것들로부터 자신을 깨끗하게 하면, 그는 주인이 온갖 좋은 일에 요긴하게 쓰는 성별된 귀한 그릇이 될 것입니다 (딤후 2:20-21, 새번역).

모두들 하나님께 귀하게 쓰임 받는 그릇들이 되었으면 좋겠습니다.

 4. 아이 기르기 ①

아이와 함께 보내는 첫 크리스마스는 저희 부부에게는 큰 의미가 있었습니다. 왜냐하면 예수님이 이 땅에 오신 사건이 더 가슴에 와 닿았기 때문입니다.

그런데 아이가 백일이라는 시간이 될 때까지 아빠와 엄마는 잠과 피곤함으로 사투를 합니다. 정말 힘듭니다. 이 시간은 기도와 사랑과 인내로 견뎌내야 합니다. 이 시간에 우리 안에 있는 변하지 않은 모습들이 나옵니다. 상대를 배려하기보다는 자신을 우선하게 됩니다. 어떻게 이런 모습들이 자신에게 있다는 것에 소스라치게 놀랄 때가 한 두 번이 아닙니다.

저도 청년 때 훈련 받았고 변화되었다고 생각했는데, 전혀 그러지 않았습니다. 비유하자면 구정물통 같았습니다. 구정물통은 평소에 위쪽 물은 깨끗해 보입니다. 하지만 밖에서 그 통을 흔들어대면, 가라 앉아 있던 오물들이 올라와서 물이 더러워집니다. 바로 제 모습이 그랬습니다. 저의 안에 그렇게 더러움들이 많았는지 몰랐습니다.

그러나 인정할 수 밖에 없었습니다. 그게 바로 저였던 것입니다. 저의 약함 때문에 아내를 지치게 하고 힘들게 하고 화나게 했습니다. 마찬가지로 아내도 저와 비슷했습니다. 인간은 극적인 상황에 갔을 때, 비로소 자신의 모습을 직면하게 됩니다. 주님의 십자가를 잊지 말아야 할 것입니다. 아이를 기를 때 십자가와 찬양 기도는 제 삶이 되어야 합니다.

저희 집에는 TV가 없습니다. TV가 없으면 부모는 매우 바빠집니다. 왜냐하면 아이들에게 책을 읽어 줘야 하고, 몸으로 놀아 줘야 하고, 여러 가지 할 일이 많아지기 때문입니다. 때론 몸이 피곤하고 힘들 때는 TV를 켜 놓고 아이들이 TV에 몰입하게 하고 싶다는 유혹에 빠지곤 합니다.

하지만 아이들이 접하는 TV와 인터넷은 우리를 곤혹스럽게 합니다. 아이들이 보지 말아야 할 정보와 좋지 않은 사이트들이 넘쳐 납니다. 이런 환경들은 아이들을 키워야 하는 그리스도인 부모의 입장에서는 매우 힘이 듭니다. 저희 부부도 이런 문제 때문에 많은 고민과 대화를 나눕니다. 어떻게 하면 아이들이 유해한 정보를 접하지 않고 자랄 수 있을까 많은 생각을 하며 기도합니다.

제가 저희 아이들에게 읽어주는 책이 있습니다. 공룡 시리즈 이야기입니다. 그 책에서는 이런 이야기가 나옵니다. 아기 공룡에게 엄마, 아빠 공룡은 어려운 상황에 처한 다른 누군가를 꼭 도와주어야 한다고 아기 공룡에게 이야기합니다. 시간이 지나 아기 공룡은 엄마, 아빠 공룡으로부터 독립하게 됩니다. 절체절명의 순간에 아기 공룡은 부모님의 말씀을 생각해서 그 길을 이겨 나갑니다.

저는 이 책을 통해서 부모인 나도 아이들에게 수직 교육을 해야겠다는 생각을 하게 되었습니다. 이를 실천하기 위한 방안으로 제가 성경 말씀을 자주 읽고 묵상하여 아이들을 가르치는 데 힘쓰고자 합니다. 그래서 아이들이 절체절명의 상황에서 그 말씀을 등불과 빛으로 삼아 위기를 극복할 수 있기를 바랍니다.

주의 말씀은 내 발에 등이요 내 길에 빛이니이다(시 119:105, 개역개정).

Your word is a lamp to my feet and a light for my path(시 119:105, NIV).

주님의 말씀은 내 발의 등불이요, 내 길의 빛입니다(시 119:105, 새번역).

하나님의 말씀은 날선 검이 되고, 창이 되고, 의의 흉배가 됩니다. 아이에게 평생의 등불과 빛이 되어 줄 말씀을 많이 암송하게 하여, 말씀으로부터 용기를 얻고 힘을 받을 수 있게 키워야겠다는 생각이 들었습니다.

형제자매 여러분들도 주님의 말씀으로 아이들을 키우십시오. 저희는 아이들에게 많은 말씀을 외우도록 하지는 않습니다. 아주 조금씩, 이슬비에 옷이 젖어가듯 외우게 합니다. 그렇게 하려면 저희가 먼저 준비가 되어야 합니다. 저희가 먼저 하나님의 말씀을 외우고 실천해야만 합니다. 그렇지 않으면 아이들은 금방 압니다. 아이를 키우다 보면 부모로서 모범을 보여야 할 때가 정말 많은 것 같습니다.

5. 아이 기르기 ②

부족한 아빠 엄마 그리고 아이는 함께 자라가고 있었습니다. 결혼을 해서 부모가 되니 그제서야 어른이 되는 것 같습니다. 옛말에 결혼만 한다고 어른이 되는 것이 아니라는 말이 딱 맞는 것 같습니다.

아이들과 뒹굴면서 저희도 자란다는 것을 알게 되었습니다.

첫아이로 인해 겪은 경험은 모든 것이 처음입니다. 그래서 큰아이(첫아이)를 키우는 동안 부모는 늘 서두르고 허둥대곤 합니다. 저희 부부도 큰아이가 어떤 새로운 현상을 보이면 당황스럽고 혼란스러웠습니다. 몸이 불덩이가 되면 어찌할 줄을 몰라 병원에 허겁지겁 달려가고, 아이가 "엄마"라는 말을 하면 온 세상을 다 가진 것처럼 즐거워했습니다. 큰아이는 저희 결혼생활의 처음부터 시작해서 지금도 동행하고 있습니다.

저희 집 큰아이는 아토피가 있어서 아기였을 때 고생을 많이 했습니다. 저희는 아이에게 아토피가 있는 줄 몰랐습니다. 태어난 지 며칠이 안 되어 다른 아이들보다 배꼽이 빨리 떨어져서 그런 줄만 알았습니다. 하지만 나중에 의사 선생님을 통해 알게 된 사실은 아토피가 있는 아이는 배꼽이 일찍 떨어진다는 것이었습니다.

큰아이 아토피 치료를 위해서 여러 가지 방법을 시도했고 결국에 아는 분의 소개로 아토피 치료 병원을 소개 받았습니다. 다행히 의사 선생님이 그리스도인이셨고, 음식 조절로 아이에게 맞는 음식과 맞지 않는 음식을 찾을 수 있었습니다. 그렇게 2-3년을 보냈습니다. 이유식을 할 때 음식이 아이 몸에 맞지 않으면 온통 알레르기가 나서 혼이 났던 적이 여러 번 있었습니다.

  그때 저는 아이를 위한 기도가 얼마나 중요했는지를 절실히 느꼈습니다. 아이를 키운다는 것은 보통 정성이 필요한 것이 아니라는 것도 알게 되었고, 여자가 아이를 임신하고 출산해서 키운다는 것은 자신의 모든 것을 내려놓는 것임도 알게 되었습니다.

  아이가 세상에 나온 지 6개월이 지나가니 조금은 살 것 같았습니다. 아이와 외출도 하게 되었고 아이를 데리고 다니면서 행복했던 기억이 많이 있습니다. 그러나 아직도 제 안에는 이기적인 부분이 많았습니다. 모든 것을 아이 중심이 아닌 제 중심으로 키웠습니다. 아이가 우유 먹을 때나 대소변 보는 것들이 아이 나름대로는 최선을 다하고 규칙적 이었는데 저는 그것을 이해할 수 없어서 아이에게 짜증도 많이 냈습니다. 지금 생각하면 제가 어리석었습니다. 아이의 마음을 이해하지 못했습니다.

  그런데 그때는 저는 제가 하는 방법이 맞는 줄 알았습니다. 그렇게 큰아이와 저는 모든 것이 처음이기 때문에 아이가 아프면 무조건 병원으로 달려갔고 아이에게 약이 해로운 것인 줄도 모르고 감기만 걸려도 약과 주사를 먹이고 놓았습니다. 근데 그런 일들이 아이에게 안 좋은 일이라는 것을 나중에 둘째 아이를 키우면서 조금씩 알기 시작했고 셋째 아이를 키울 때 절실히 알게 되었습니다. 큰아이에게는 지금도 미안합니다. 왜 그렇게 부모들은 첫째 아이에게 미안한 마음이 드는지 조금은 알 수 있게 됐습니다.

제 주변에 아기 키웠던 이야기들을 해 주는 분들이 계셨다면 마음을 편안하게 지키며 아이를 키울 수 있었을 텐데 그런 사람들이 없어서 저희는 여러 가지 실수를 한 것 같습니다. 제가 이 책을 쓰게 된 이유도 아이를 키우는 초보 부모와 결혼하지 않은 청년들에게 조금이나마 도움을 주기 위해 결혼 11년차가 되는 시점에야 비로소 이 글을 쓰고 있습니다. 여러분이 이 글을 읽고 하나님 안에서 연애하고 멋지게 가정을 꾸려야겠다는 꿈을 꾸셨으면 좋겠습니다.

6. 아이 기르기 ③

초보 아빠인 저는 아이를 데리고 자전거를 많이 탔습니다. 아기 띠를 두르고 아이와 함께 자전거를 타면 아이 코구멍에 콧바람이 들어가기 때문에 아이는 정말 좋아합니다. 아이가 울 때는 잠시 공기를 바꾸어 주는 것도 효과가 있습니다. 가령 방에 있다가 거실로 간다든지 아니면 거실에서 방으로 옮기는 것도 좋은 방법입니다. 그리고 또 다른 방법은 비닐 소리를 낸다거나 청소기 소리를 내는 것입니다. 근데 이 방법도 처음에 몇 번만 반응합니다. 시간이 지나면 아이는 별 반응을 하지 않습니다. 저도 처음에 왜 그럴까 했는데 사람은 곧 실증이 나서 반응을 하지 않는 것 같습니다.

아이가 태어나서 한 달 정도까지는 자기의 손짓 때문에 잠을 깹니다. 그래서 산부인과 신생아실에서는 아이 몸을 포대기 등으로 감아 놓습니다. 이것은 과학적으로 맞다는 기사를 읽었습니다. 그러니 아이가 태어나서 약 한 달까지는 자기 손 때문에 아이가 놀라서 잠을 깨우지 않도록 싸개를 이용해서 꼭 붙들어 두는 것도 좋은 방법인 것 같습니다. 저희는 이 방법을 알지 못해서 처음에 그렇게 하지 못했습니다. 나중에 초보 엄마 아빠분들은 그렇게 해 보시기 바랍니다.

이렇게 작은 것 하나까지 초보 부모들은 잘 모릅니다. 물론 인터넷을 검색하다 보면 알게 되기도 합니다. 근데 저희 부부는 인터넷보다는 하나님을 더 신뢰 했기에 쉽게 정보를 얻을 수 있는 인터넷을 의지하지 않기로 했습니다. 두 번째 방법이 더 늦긴 하지만, 하나님의 때를 기다리는 것이 우리를 더 키우는 하나님의 계획이라고 생각했기 때문에 행복했습니다.

아이 양육에 있어서 형제(아빠)의 참여는 매우 중요합니다. 제가 경험해 보니 아이의 양육에 있어서 아빠가 얼마나 중요한지 알게 되었습니다. 아빠는 하나님이 세우신 기둥이며, 가정의 기초입니다. 그래서 아빠들은 하나님 안에서 바로 서야 하고 가족을 위해서 항상 기도해야 합니다. 그래야 가정이 바로 서고 아이들도 하나님 안에서 바르게 양육됩니다.

아이 양육 방법의 참여는 여러 가지가 있을 수 있습니다. 아이들과 같이 식사를 하는 방법도 있고, 아이와 함께 책을 읽어 줄 수도 있고, 엄마가 하기 힘든 몸싸움 놀이를 아이들과 해 주는 것도 매우 중요합니다. 왜냐하면 아이들은 아빠와 몸놀이를 통해서 자기 몸의 힘을 조절하는 방법을 배워 나가기 때문입니다. 자녀 교육에 있어서 책임은 아내에게만 있는 것이 아닙니다. 아이를 잘 키우려면 아빠의 노력이 중요하다는 과학보고서들이 많습니다.

형제 여러분!
아이를 양육할 때 육아서도 읽고 기도하고 몸으로도 아이와 소통하는 모습을 보여 주세요. 그리고 아내가 잠시 쉴 수 있는 시간을 주셔야 합니다. 그래야 아내들은 지치지 않습니다. 24시간 여자들은 육아와의 전쟁을 치릅니다. 육아로부터 잠시라도 벗어날 수 있도록 쉼의 시간을 마련해 주세요. 오로지 아빠와 아이와 함께하는 시간을 만듦으로 인해 아이는 엄마말고 아빠라는 개체를 조금씩 인정하고 받아들입니다.

저는 집에서 이불자동차(아이를 이불 위에다 드러눕거나 앉게 하고 이불을 움직이는 것을 저희 집에서는 이불자동차라고 표현을 합니다) 놀이를 하는데, 아이들이 이 놀이를 참 좋아합니다. 아이는 부모와 어떤 것이든 같이 하는 것을 좋아합니다. 아이와 손잡고 산책하는 것도 좋습니다. 겨울에 눈이 오면 아이와 눈사람도 만들고 눈싸움도 하고 특히 눈썰매를 타보세요. 정말 좋아합니다. 아이가 조금씩 자라면 해야 할 일이 산더미처럼 많아집니다. 하지만 이 모든 것도 아이와의 소중한 기억을 남기기 위한 좋은 기회들입니다. 즐거운 마음으로 해주셔야 합니다.

저도 처음에 큰아이가 혼자 있을 때는 아무것도 몰라서 힘이 들었습니다. 그런데 지금은 조금씩 알게 되어서 기쁩니다. 아이는 부모의 기업입니다. 아이를 통해서 오는 기쁨은 세상에 그 어떤 것으로도 받을 수 없습니다. 아이와 놀면서 아이가 기뻐하는 모습을 보면서 저는 하나님을 볼 수 있었습니다. 하나님의 기쁨을 잠시나마 느낄 수 있었습니다.

7. 아이 기르기 ④

아이는 태어났을 때는 누워 있지만, 백일이 지나면 몸이 자라고 힘이 생겨 뒤집기 시작합니다. 그러면 부모님들은 정말 신기해합니다. 저도 큰 애가 뒤집기 했을 때 세상을 다 얻은 것 같았습니다. 그리고 배밀이를 시작합니다. 그러다가 기기 시작합니다. 기다가 물건을 잡고 서고, 그러다가 걸음마를 시작합니다. 이렇게 아이는 빠른 시간에 많은 변화를 거칩니다. 이때 치워야 할 물건도 많고 조심해야 할 일도 많습니다. 온갖 것들에 대해서 신경을 써야 할 때입니다.

아이가 뒤집기를 시작하고 기어 다니기 시작할 때부터 집안에서는 여러 가지 곤혹을 치릅니다. 일단 바닥에 쓰레기를 치워야 합니다. 아이는 기어 다니기 시작하면 눈에 보이는 것은 무엇이든 입에 가져갑니다. 심리학적으로 이때를 구강기라고 표현합니다. 무조건

입으로 가져가서 맛을 봅니다. 때로는 맛을 보고 바로 삼킵니다. 정말 조심해야 합니다. 병원 응급실에 가면 아이들은 별것을 다 삼켜서 옵니다. 동전, 구슬, 자석, 종이 등을 삼킵니다.

혹여 아이가 이런 것들을 삼키게 되면 아이의 기도를 확보해야 합니다. 그래야 아이가 숨을 쉴 수 있습니다. 그 다음에 119에 전화하여 아이를 병원으로 이송해야 합니다. 이 시점에 부모님들은 아이에게서 눈을 떼시면 안 됩니다. 한시라도 떼지 마시고 그저 아이만을 위해서 오늘 하루를 산다고 생각하셔야 합니다. 이 시기를 잘 넘겨야 아기는 건강하게 잘 자랍니다.

또한 아이는 손의 감각을 익히기 위해서 무엇이든지 잡고 만져봅니다. 이때는 깨지는 그릇이나 물건 등은 바닥 아래에 놓아두지 말아야 합니다. 그럴 때 아기가 안전하게 잘 자랍니다.

아이가 엄마 배 속에서 나와서 어른이 되어가는 과정은 힘이 들고 어렵습니다. 아이도 어렵고 부모님들도 힘이 드는 과정입니다. 이렇게 건강하게 어른으로 자란 우리들을 생각해 보면 대견합니다.

우리는 부모가 되는 법을 배워야 합니다. 그런데 이 세상 어느 곳에서도 부모가 되는 법을 가르쳐주지 않습니다. 그래서 더욱 힘이 드는 것 같습니다. 특히 첫아이를 키울 때 부모는 가장 힘듭니다. 왜냐하면 모든 것이 처음이어서 항상 긴장되기 때문입니다. 그러나 아이와 함께하는 시간은 금방 지나갑니다. 그래서 부모가 되는 것은 재미가 있습니다.

아이는 기어 다니다가, 돌 즈음과 18개월 사이에 드디어 걷기 시작합니다. 이때 아이는 아이 나름대로 힘든 과정을 또 한 번 거칩니다. 처음에는 잡고 일어나고, 그 다음에는 잡고 걸어 다니고, 그 다음에는 그냥 일어나서 걷습니다. 이때 부모님의 무한한 칭찬은 아이로 하여금 긍정적인 성격을 만들고 건강하게 자라게 합니다. 아이는 열심히 도전합니다. 눈물나게 도전합니다. 안타까워 손을 잡아주고 싶을 만큼 애잔합니다.

아이가 걷기 시작하면 행동반경은 상당히 커집니다. 기어 다닐 때 아이는 집에만 머뭅니다. 하지만 걷게 되면 아이는 이제 바깥세상으로 나아가고자 합니다. 이때도 부모는 한 눈을 팔 틈이 없습니다. '아이가 걸어가다가 넘어질까?' 하면서 계속 지켜봐야 합니다. 조금만 한 눈을 팔면 아이는 다른 길을 가거나 넘어지거나 다치기도 합니다. 이 시기에 아이는 움직이는 폭탄이라고 표현할 수 있습니다. 아이가 걸어다니는 모습을 보면 참 예쁩니다. 그 작은 발로 아장아

장 걸으면서 세상을 탐험합니다.

　그리고 아이가 말하기 시작했을 때, 부모는 더 큰 기쁨을 만끽합니다. 처음에는 옹알이로 시작을 했다가 점차 "엄마"라는 소리와 비슷한 소리를 냅니다. 그 소리는 세상에서 가장 아름다운 소리처럼 들리며 부모를 놀라게 합니다.
　'이런 아이가 어떻게 말을 할 수 있을까?'
　아이가 처음에 무엇이라도 말을 하면 정말 신기합니다. 그러다가 아이는 "아빠"라는 소리를 내게 되고, 아이가 자주 듣는 말을 곧 잘 따라합니다. 그리고 몇 마디 단어를 나열하고 시간이 지나면 문장을 말합니다. 그리고 엄마 아빠와 대화가 됩니다. 이 모든 과정을 거치면서 우리는 지금의 모습이 되어 왔습니다.

　우리가 지금의 모습이 되기까지 노력해 주신 부모님과 형제자매에게 감사를 드려야 할 것 같습니다. 저는 이 과정을 지켜본 후에 부모님과 형제자매를 위해서 기도를 드렸습니다. 그리고 하나님께 진심으로 감사의 기도를 드렸습니다.

8. 네 아이들의 아빠가 된다는 것

첫아이가 세상에 나올 때가 지금으로부터 10년 전입니다. 그리고 지금 글을 쓰고 있는 저는 4명의 아이 아빠가 되었습니다. 지금 이 글을 처음으로 계획했던 때는 10년 전이었습니다. 벌써 10년이 흘렀습니다. 그동안 4명의 아이들을 키우는 다양한 경험을 했습니다. 4명의 아이 아빠로 산다는 것은 정말 쉬운 일이 아닙니다. 어쩌면 그것으로 인해 제 자신이 자랐는지도 모릅니다.

저는 3남 1녀의 아빠입니다. 지금 시대에 4명을 기른다고 하면 사람들이 저희 가족을 특이하게 봅니다.
'좀 모자른 사람 아니야?'
이런 눈 빛으로 보는 사람도 있는 것 같습니다.
'왜 여우처럼 살지 못하지?'
이런 느낌으로 보는 사람도 있습니다.
그런데 나이가 드신 어르신들은 저희 가족을 보면 칭찬해 주십니다. "자식이 보물이야, 자식이 보배야"라고 하시면서 저희들을 높여 주십니다.

저희는 그냥 아이들이 좋았습니다. 아이가 한 명씩 늘어감에 따라서 집도 이사를 해야 합니다. 저희 집은 처음에는 4층이었습니다. 한 명의 아이일 때는 문제가 없습니다. 하지만 둘이 되어서 뛰니 더 이상 4층에는 있을 수가 없었습니다. 아래층 사람들에게 미안했습니다. 그래서 셋째가 엄마 배 속에 있을 때 1층으로 이사를 했습니다. 1층으로 이사하면 좋은 점과 안 좋은 점이 있습니다. 일단 좋은 점은 아무 때나 아이들이 떠들어도 된다는 점입니다. 그리고 안 좋은 점은 벌레들과 친구가 되어야 하고 겨울이 조금 춥습니다.

또한 자동차가 문제가 됩니다. 처음엔 5인승 차도 문제가 없습니다. 그런데 아이들이 늘어감에 따라서 차가 작아집니다. 그러다가 7인승으로 바꿨는데 사람이 6명이 타면 짐을 못 실어서 결국엔 차가 9인승이나 11인승으로 바뀌어야 합니다. 저희 가족도 한 명의 식구가 늘어서 결국 9인승으로 차를 바꾸었습니다. 가족의 수가 늘어남에 따라서 집, 차 등 금전적인 부분들에 부담이 되긴 합니다. 하지만 금전적인 부담만 바라보면 아이들이 주는 즐거움을 놓치게 됩니다.

4명의 아이들과 생활하게 되면 정신이 없을 때가 많습니다. 한 명의 아이가 이야기를 하면 다른 아이도 말을 하고 싶어합니다. 이때는 순번을 정합니다. 순번을 받지 않은 아이는 말을 못합니다. 그러면 나이가 적은 아이들은 화를 냅니다. 그 이유는 기다리다가 자기가 하고 싶은 말을 잊어버리기 때문이라고 합니다. 아이의 입장에서는 합당한 이유입니다. 하지만 아이가 많다보니 아이들이 자기들의 모든 요구가 만족되지 않아 짜증을 부리는 경우도 많습니다. 이럴 땐 부모로서 난감하기도 합니다.

아이들이 많다보니 지켜야 할 규칙도 많아집니다. 지켜야 할 규칙이 늘어나는 이유는 규칙이 없으면 아이들끼리 싸움이 많이 일어나기 때문입니다. 아이들의 세상도 어른들의 세상과 똑같습니다. 서로 더 먹겠다고 싸우거나, 더 좋은 것을 갖겠다고 싸웁니다. 양보가 잘 안 됩니다. 아이들은 아직 자기 자신부터 생각하는 경향이 강합니다. 이런 부분에서는 어른과 아이는 차이가 없는 것 같습니다. 그래서 저희 집은 지켜야 할 규칙이 다른 집보다 많습니다. 그러나 저는 행복합니다. 왜냐하면 이런 규칙과 아이들이 있어서 저 스스로 여러 가지 더 고민을 더 하기 때문입니다.

아이들이 많아짐으로 인해 제가 배우는 것이 더 많습니다. 리더십을 더 기를 수 있도록 공부할 수 있었고, 아이들의 마음 상태를 알 수 있는 심리학도 공부할 수 있었고, 아이들 건강을 위해서 의학 책도 열심히 읽어서 아이들 건강도 챙길 수 있었고, 아이들의 다양한 질문을 해결하기 위해서 다양한 분야의 책을 더 많이 읽을 수 있어서 좋았습니다. 그리고 약속을 지키는 훈련을 할 수 있어서 좋습니다. 그리고 아이들 4명과 놀아 주기 위해서는 한 시도 게으를 수 없습니다. 이 또한 좋습니다. 제가 부지런할 수 있어서 감사합니다. 작은 돈이지만 소중하게 쓸 수 있게 되어 좋습니다. 제가 소개한 것 이외에도 여러 가지 좋은 점들이 많습니다.

　청년 형제자매 여러분!
　결혼하게 되면 정말 좋은 게 많아집니다. 물론 불편한 것도 한두 가지는 있습니다. 그러나 불편 한 것 한두 가지 때문에 좋은 것 여러 가지를 놓치는 오류를 범하지 않으셨으면 합니다. 꼭 하나님께서 준비하신 좋은 배필을 만나셔서 저희 가정보다 더 행복한 가정 이루시길 기도합니다.

9. 가정예배 드리기

　가정예배를 드리는 부분은 쉬울 것 같지만 쉽지 않습니다. 여러 가지 상황들이 복잡하게 연결되어 있습니다.

첫째, 부부간에 가정예배에 대한 동의가 필요하고, 아이들도 같이 참여하는 것에 동의가 되어야 합니다.

아이들이 가정예배에 참여하는 것은 쉽지 않지만 부모가 모범이 되어서 그 시간을 기대하면 아이들도 동참할 것입니다.

저희 집의 가정예배는 여러 가지 형태를 취하고 있습니다. 아이들의 나이대가 11살, 9살, 6살, 3살이라서 다 같이 한 자리에서 예배를 드리기가 쉽지 않습니다. 처음에 아내와 저만 있을 때는 매 주일 밤에 드렸습니다. 예배를 드리고 나눈 내용을 기록하면서 드렸습니다. 그때 제가 너무 많은 시간을 소모해서 아내에게 불편함을 줬던 기억 때문에 미안했습니다. 그리고 저희 부부가 아이들과 함께 예배를 드리다 아내가 임신하게 되면 중단했습니다.

둘째, 큰아이와 둘째 아이가 글을 읽을 수 있게 되자 잠언을 한 장씩 읽고 나누며 기도하는 예배를 드렸습니다.

이 방법도 좋은 방법이었습니다. 아이들과 제가 잠언 한 장을 한 절씩 읽고, 장 읽기를 끝마쳤을 땐 읽었던 성경 말씀 중에서 가장 와닿은 말씀을 나누었습니다. 이때 아이들의 대답이 저를 감동시켰던 적이 한두 번이 아니었습니다. 마지막으로 끝내기 전에 각자 기도를 하였고 제가 마지막 기도를 했습니다.

셋째, 예배에 감사노트를 작성하는 방법을 사용했습니다.

이 방법은 제가 앞에서도 말씀을 드렸는데, 우리 아이들 모두가 감사노트 작성에 참여했습니다. 그리고 하루 중에서 가장 좋았던 감사한 제목을 이야기하는 것이었습니다. 아이들이 처음에는 감사할 제목이 없다고 해서 힘들기도 하였지만 날마다 기록하다 보니 가족 역사처럼 되었습니다. 한 장 한 장 넘기다 보면 이런 일도 있었고, 이런 기도제목도 있었구나 하면서 기분이 좋아집니다. 그리고 그 아래에는 기도제목을 적습니다. 기도제목은 다음 날 새벽기도에서 기도를 했습니다.

가정예배의 형식은 여러 가지가 있을 수 있습니다. 하지만 참여하는 부모와 아이들 모두 행복해지는 형식으로 드렸으면 합니다. 참여하는 아이들 중에 기쁨으로 이 일에 동참하지 않으면 좋은 인상이 남지 않기 때문에 부모님들은 더 주의를 기울여서 가정예배를 드려야 할 것 같습니다.

가정예배는 아이들 인생에 있어서 중요한 기점이 될 수도 있습니다. 이 예배에서 부모님이 만난 하나님을 아이들에게 전해 줄 수 있는 수직 교육을 하시면 좋겠습니다. 저희도 앞으로도 더 많은 노력을 기울일 것입니다. 처음에 저희 부부도 아이들 교육을 인간적인 부분으로 따라가려고 했었습니다. 그런데 하나님께서는 그런 일을 원하시지 않았습니다. 하나님은 저희 부부에게 아이들이 원하는 인생, 행복한 인생을 이루어 가는 교육을 알려 주셨습니다. 그래서 저희는 이제 아이들이 "인생은 행복합니다"라는 것을 느낄 수 있는 교육을 하고 있습니다.

그런데 말처럼 쉽지 않습니다. 아마 자신의 모습을 보시면 알 것입니다. 자신의 바꾸지 않는 모습을 보면 아이도 쉽게 바뀌지 않는다는 것을 알 수 있습니다. 아이를 바꾸기 위해서는 자신이 먼저 바뀌어야 합니다. 아이를 이해해야 합니다. 사람을 바꾸기 위한 기본은 바로 내 마음 안에 상대를 품는 것입니다. 꼭 상대를 상대의 눈높이에서 바라보세요. 그래야 그 사람을 이해할 수 있고 바꿀 수 있습니다. 이 말은 상대를 공감해 줘야 한다는 이야기입니다. 하나님이 함께하시는 가정예배를 통해서 아이들을 올바른 길로 양육하시는 부모가 되시길 기도합니다.

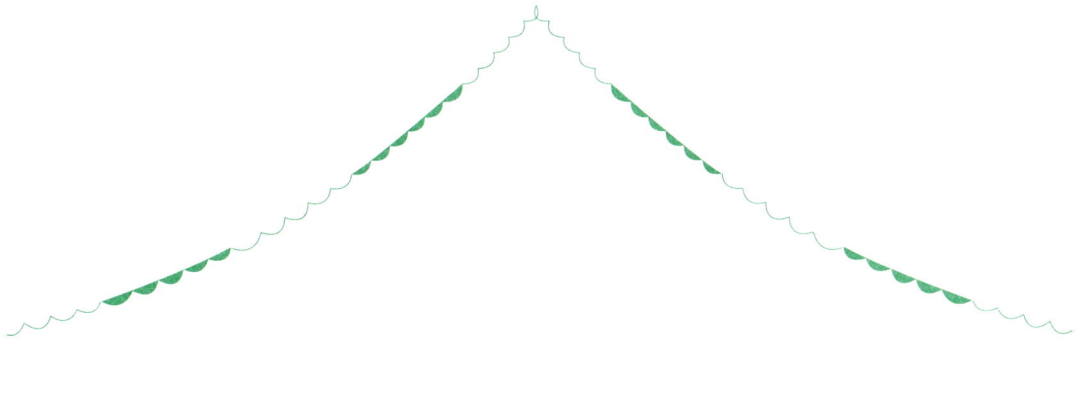

Chapter

아이를 키우면서 들었던 묵상들

 **1. 묵상 하나: 아이는 나의 것이 아니다**

이 장은 아이를 키울 때 느꼈던 묵상들을 기록한 부분입니다. 어쩌면 앞에서 기록한 내용과 비슷한 부분도 있을 수 있습니다. 이 부분은 기도와 제가 갈등 고민한 부분들의 기록입니다. 처음에 아이가 세상에 나왔을 때 그리고 자랄 때, 제 아이인 줄 알았습니다. 첫아이와 둘째 아이까지는 그렇게 느꼈습니다. 하지만 시간이 갈수록 아이를 제 마음대로 할 수 없다는 것을 조금씩 느꼈습니다. 어쩌면 우리의 알 수 없는 미래 때문에 이 부분을 깊이 깨달은 것 같습니다. 성경에는 다음의 말씀이 있습니다.

> 사람이 마음으로 자기의 길을 계획할지라도 그의 걸음을 인도하시는 이는 여호와시니라(잠 16:9, 개역개정).

> In his heart a man plans his course, but the LORD determines his steps(잠 16:9, NIV).

> 사람이 마음으로 자기의 앞길을 계획하지만, 그 발걸음을 인도하시는 분은 주님이시다(잠 16:9, 새번역).

모든 사람은 계획을 세우면서 일을 진행할 것입니다. 그런데 진행하다 보면 계획한 대로 되지 않을 경우가 정말 많습니다. 그럴 때마다 우린 실망하거나 낙망할 때가 많습니다. 저 또한 그랬습니다. 하지만 어떤 날은 제가 생각하는 범위를 넘어서거나, 생각할 수도 없는 일들이 일어나거나, 저의 범위를 넘어선 능력을 발휘해야 하는 일들이 많이 생겨났습니다. 저는 제 능력으로 아이를 잘 보살필 수 있을 것 같았고, 잘 교육할 수 있으며, 치료할 수 있을 것 같았습니다. 하지만 제가 생각하는 범위를 벗어날 때 마다 아이가 내 것이 아님을 절실히 깨달았습니다.

셋째인 딸아이가 3살 무렵 다리가 아팠습니다. 원인을 알 수 없는 다리 부종이었습니다. 그때 저희 부부는 지역권에 있는 큰 병원은 다 다녀봤고, 서울에 있는 큰 병원 4곳에서도 진단을 받아보았습니다. 그런데 병원마다 다 다른 원인을 말씀하셨습니다. 그런데 한 병원의 의사 선생님만 정직한 말씀을 하셨습니다.

"제가 봤을 때 이 증상은 다른 병원에서 말한 원인이 아닌 것은 확실합니다. 그런데 정확한 원인은 알 수가 없겠습니다."

이 말은 저희 부부에게 한 가지 좋은 희망이었습니다. 그 이후로 아내는 저에게 다시 새벽기도를 나가자고 제안하였고, 아내는 직장을 휴직한 후에 아이와 함께 즐겁게 지내기로 하였고, 한의원 치료를 병행했습니다. 그로부터 5개월 후 아이의 다리에 있던 부종은 말끔히 사라졌습니다. 할렐루야! 하나님이 아이를 고쳐 주신 것입니다. 그래서 정말 기뻐서 아이 진단 때문에 갔었던 병원 의사 선생님께 달려가서 아이 다리를 보여 주었습니다. 의사 선생님께서 이런 말씀을 하셨습니다.

"엄마가 기도를 얼마나 많이 하셨기에 이걸 치료해 주셨나요!"

저희는 정말 기뻤습니다. 그때의 기분은 말로 표현할 수 없었습니다. 그리고 모든 것은 하나님께로부터 오고 하나님께로 간다는 말을 더욱 깊이 이해할 수 있었고, 아이들에 대한 욕심을 버리기로 했습니다. 아이들은 하나님께서 저희에게 주신 선물입니다. 귀한 선물이지만 저희 것은 아닙니다. 오직 하나님께서 저희가 잠시 잘 길러줄 것을 당부하신 것입니다.

청년 형제자매님들!
결혼하셔서 아이를 낳으시면 꼭 청지기의 삶을 사시기를 바랍니다. 욕심이 아닌 섬김으로 아이들을 대하면 마음이 한결 가벼워집니다.

 2. 묵상 둘: 아이가 기댈 수 있는 눈에 보이는 실체는
바로 나(부모)다

저는 아이가 4명이 있습니다. 이 아이들 4명은 눈만 뜨면 저를 바라보고 '놀아 달라', '안아 달라'고 합니다. 이 일도 제가 기분이 좋고 몸이 편안할 때는 좋습니다. 문제는 제가 몸이 너무 힘들고 기분이 좋지 않을 때는 저도 짜증이 납니다. 이게 바로 저의 아직 고쳐지지 않은 구정물인 것입니다. 그날도 저는 회사에서 많이 힘든 상태로 집에 돌아왔습니다. 그런데 집은 치워지지 않고 아이들은 저에게 달라붙어 이것저것을 이야기하고 몸을 지치게 하고 있었습니다.

그러다가 제가 도저히 참을 수 없어서 아이들을 향해서 화를 냈습니다. 그래서 아이들은 제 눈치를 보면서 집을 정리하고, 제 눈치만 보고 있었습니다. 잠자리에 들 시간이 되어 그렇게 기분이 좋지 않은 상태로 아이들을 잠재웠습니다. 저는 이때 성경 말씀대로 하지 못했습니다.

> 분을 내어도 죄를 짓지 말며 해가 지도록 분을 품지 말고(엡 4:26, 개역개정).
>
> "In your anger do not sin": Do not let the sun go down while you are still angry(엡 4:26, NIV).
>
> 화를 내더라도, 죄를 짓는 데까지 이르지 않도록 하십시오. 해가 지도록 노여움을 품고 있지 마십시오(엡 4:26, 새번역).

저는 위 말씀을 어긴 상태였습니다. 그리고 잠을 들려고 하는데 제 안에 계시는 성령님께서 말씀하셨습니다.

"아이들의 얼굴을 보라."

성령님은 아이들의 얼굴을 보게 하시면서 이런 마음이 들게 하셨습니다.

'아이들은 부모님께 신앙교육을 받지만 일단 눈앞에 보이는 부모를 더 의지한다. 그러다 보니 아이들은 온전히 부모만 바라볼 수 밖에 없는 것은 당연한 것이다. 어쩌면 아이들은 부모를 하나님 같은 존재로 믿고 바라본다.'

그런데 저는 제 몸이 피곤하고, 힘들고, 마음이 불편하다는 이유로 아이를 밀어냈던 것입니다. 그래서 아이들에게 상처를 준 것입니다. 아이들이 온전히 나를 믿고 기대는데 나는 그런 믿음을 깨 버린 것입니다. 저는 많이 속상했습니다. 그리고 아이들에게 너무 많이 미안했습니다. '진짜 아이들에게 믿음직한 부모가 되어야겠구나. 아이들이 언제라도 나에게 기댈 수 있게 만들어야겠구나'라는 생각을 하게 됐습니다.

그렇습니다. 아이들은 부모라는 실체를 그 무엇보다도 믿고 따릅니다. 그런데 우리들은 몸이 피곤하고 힘들고 지친다고 아이들에게 화를 내고 아이들의 마음에 생채기를 내는 소리를 합니다. 그리고 그게 아무것도 아닌 것처럼 할 때가 많습니다. 저 또한 그랬습니다.

하나님은 이번 사건을 통해서 저에게, 아이들이 온전히 신뢰할 수 있는 믿음의 아빠가 되어 주라고 말씀하셨습니다. 그 사건 이후로 저는 아이들에게 신뢰를 주는 아빠가 되기 위해 많은 노력을 하고 있습니다. 하지만 가끔씩 변하지 않은 제 모습 때문에 아이들은 여전히 힘들긴 합니다. 하지만 아이들의 기대를 저버리지 않기 위해 노력하는 아빠가 되기 위해 노력하고 있습니다.

3. 아이가 아팠을 때 느꼈던 것들

아기들은 태어나서 100일 전까지는 잘 아프지 않습니다. 이때는 엄마의 면역체계를 받고 태어나기 때문에 아프지 않다고 합니다. 하지만 시간이 지나면 아이가 여러 가지 원인으로 인해 아프게 됩니다. 그때 아이에게 나타나는 증상은 잘 놀던 아이가 놀지 않거나, 잘 먹는 아이가 잘 먹지 않는 것입니다. 이때는 아이의 체온을 재 보거나 아이의 기저귀와 옷을 벗겨서 몸의 구석구석을 잘 살펴봐야 합니다. 저도 이 사실을 늘 잊곤 했는데, 넷째를 키울 때에야 비로소 이런 것들을 바로 인지하고 아이를 키워 나갈 수 있었습니다.

아이가 아프면 먼저 기도하세요. 짧게라도 "하나님 ○○이의 건강을 회복시켜주세요"라고 기도를 하고 난 후 병원으로 가세요. 소아과 전문 병원으로 가시는 게 좋습니다. 병원에 가면 아이의 체온을 재고 여러 가지 증상을 확인한 후 정확한 진단을 위해서 여러 가지 검사를 하게 됩니다. 혈액 검사, 소변 검사, 경우에 따라서는 심전도 검사, 엑스레이 촬영도 하게 됩니다.

이때 부모의 마음을 가장 졸이게 하는 것이 혈액 검사입니다. 그 작은 아이의 몸에 혈액 검사를 위해서 주사를 꼽고 피를 뺍니다. 그런데 왜 그렇게 피를 많이 빼는지 매우 속이 상합니다. 아이는 이 상황이 매우 낯설어 온몸을 비틀며 매우 크게 웁니다. 초보 부모는 매우 속이 상합니다.

"하나님 이 아이의 고통을 어떻게 해결할 수 있을까요?"

매우 고통스럽게 그 상황을 바라보게 됩니다.

아이가 아픈 상황이 되면 부모는 하나님 앞에 무릎을 꿇게 됩니다. 저도 그랬습니다. 아이가 아픈 모습은 부모로 하여금 자기 반성을 하게 합니다. 죄를 회개하게 하고 선행을 하게 됩니다. 저도 아이가 아팠을 때 하나님을 자주 찾았습니다. 이때는 온 정성을 다해 기도합니다. 그럴 때마다 아이에게 못해 줬던 기억만 회상됩니다. '아이가 다 나으면 잘해줘야지'라고 생각합니다. 그러나 아이가 회복되면 또다시 아이를 제 욕심대로 키우고 있습니다.

이런 상황이 반복되는 이유는 아직 제 자신도 청지기의 삶을 살지 못하고 있기 때문입니다. 아이는 저희 것이 아니라 하나님 것입니다. 아이가 세상에 태어나는 모든 과정을 보면 진화론자들은 진화 단계로만 보게 됩니다. 하지만 저는 창조론자입니다. 하나님께서 세상을 창조하신 것을 믿습니다. 그것이 다음의 성경 말씀에 나와 있습니다.

> 창세로부터 그의 보이지 아니하는 것들 곧 그의 영원하신 능력과 신성이 그가 만드신 만물에 분명히 보여 알려졌나니 그러므로 그들이 핑계하지 못할지니라(롬 1:20, 개역개정).

> For since the creation of the world God's invisible qualities--his eternal power and divine nature--have been clearly seen, being understood from what has been made, so that men are without excuse (롬 1:20, NIV).

> 이 세상 창조 때로부터, 하나님의 보이지 않는 속성, 곧 그분의 영원하신 능력과 신성은, 사람이 그 지으신 만물을 보고서 깨닫게 되어 있습니다. 그러므로 사람들은 핑계를 댈 수가 없습니다(롬 1:20, 새번역).

하나님은 우리에게 자신이 세상을 창조하신 여러 가지 증거를 심어 넣으셨습니다. 저는 그 증거 중의 하나가 인간의 DNA라고 봅니다. 아이가 임신이 되고, 엄마 자궁에 착상이 되어 사람의 모습을 갖추며, 시간이 되면 태어나고 자라는 모습은 하나님이 아이를 주신 것이 아니라면 설명할 수 없습니다. 그렇게 귀하게 주신 생명을 부모가 귀하게 여기지 못하기 때문에 하나님이 종종 아이의 귀한 존재를 더 알게 하심이 아닐까 생각해 보았습니다.

하나님은 아이가 아플 때 저로 하여금 저의 모습을 더 알게 하셨고, 그래서 저는 아이들에게 소홀했던 저의 모습을 반성할 수 있었습니다. 하나님은 부모에게 말씀하시는 방편으로 아이를 종종 사용하시는 것 같습니다. 우리는 아이 때문이라도 더 기도하게 됩니다. 아이 키울 때 마음껏 기도하세요. 그리고 하나님께 아이를 잘 키워 달라고 기도하세요. 그러면 아이들이 잘 자랄 것입니다.

 **4. 내가 부족할 때 느끼는 감정에 대해 하나님이 주시는 말씀**

이 글을 읽고 있는 형제자매님들도 저와 같은 생각을 하시고 계신지 모르겠습니다. 세상에 나가 보면 왜 그렇게 잘난 사람, 부자, 멋진 사람이 많은지, 어쩔 땐 고개도 들기도 싫고 밖으로 나가기도 싫을 때가 있습니다.

'왜 그렇게 차별이 많지?'
'나 보고 어떻게 세상을 살아가라고 하는 거지?'
이런 생각을 해 본 경험이 있으실 것입니다.

그런데 그때 하나님께서 성경의 말씀 중에서 이런 말씀을 생각나게 하셨습니다.

> 나에게 이르시기를 내 은혜가 네게 족하도다 이는 내 능력이 약한 데서 온전하여짐이라 하신지라 그러므로 도리어 크게 기뻐함으로 나의 여러 약한 것들에 대하여 자랑하리니 이는 그리스도의 능력이 내게 머물게 하려 함이라(고후 12:9, 개역개정).

> But he said to me, "My grace is sufficient for you, for my power is made perfect in weakness." Therefore I will boast all the more gladly about my weaknesses, so that Christ's power may rest on me (고후 12:9, NIV).

> 그러나 주님께서는 내게 이렇게 말씀하셨습니다. "내 은혜가 네게 족하다. 내 능력은 약한 데서 완전하게 된다." 그러므로 그리스도의 능력이 내게 머무르게 하기 위하여 나는 더욱더 기쁜 마음으로 내 약점들을 자랑하려고 합니다(고후 12:9, 새번역).

위 말씀은 사도 바울 선생님께서 자신의 단점 및 약점을 제거해 달라고 기도하신 것에 대한 하나님의 응답 말씀입니다. 저는 이 말씀의 뜻이 무엇인지 알게 해 달라고 기도하며 묵상을 오랜 기간 했습니다. 그러다가 제가 이 상황과 비슷할 때, 하나님은 이 말씀을 저에게 생각나게 하셨고, 저는 이루 말할 수 없이 기뻤습니다.

하나님은 저희의 돈, 지위, 능력, 외모, 잘 하는 것들을 보고 저희를 사랑하시는 것이 아닙니다. 하나님은 오히려 저희의 부족하고 모자라고 연약함 때문에 저희와 함께할 수 있다고 하십니다. 어쩌면 우리의 부족한 부분은 우리의 십자가라고 볼 수 있습니다. 그 부분이 있기 때문에 하나님께 엎드려 기도할 수 있는 것 같습니다.

저는 이 진리를 깨달은 후부터 저에게 있는 부족한 부분도 사랑할 수 있었습니다. 그 부분이 저를 하나님께 인도할 수 있는 방편이 되어 주었습니다.
'하나님 저는 이 부분이 약합니다. 이 부분에 성령님께서 함께 해 주셔서 저를 완전하게 해 주심을 믿습니다.'
이런 고백을 할 수 있게 되었습니다.

하나님은 저희의 완벽함을 원하시지 않으십니다. 완벽함보다는 순종과 하나님을 향한 마음을 보십시오. 저도 처음엔 다음과 같은 생각을 하며 원망도 해 보았습니다.

'하나님이 왜 인간을 완벽하게 만들지 않았을까?

그렇기 때문에 인간이 더 고통스러운거 아니야?

하지만 이것은 제 생각이었습니다. 인간은 교만 덩어리입니다. 성경 말씀에도 나와 있습니다.

> 교만은 패망의 선봉이요 거만한 마음은 넘어짐의 앞잡이니라(잠 16:18, 개역개정).

> Pride goes before destruction, a haughty spirit before a fall(잠 16:18, NIV).

> 교만에는 멸망이 따르고, 거만에는 파멸이 따른다(잠 16:18, 새번역).

사랑하는 형제자매 여러분!

우리의 못난 모습, 부족한 모습 때문에 고민하지 마세요. 우리의 그 모습 때문에 하나님은 우리를 더 깊이 사랑해 주십니다. 부족하기 때문에 하나님을 더 깊이 사랑하세요. TV 시청, 인터넷 서핑, SNS 하느라 시간 보내지 말고 하나님과 SNS 하는 시간을 늘리시기를 바랍니다.

 ## 5. 재물과 나 자신과의 싸움

한 사람이 두 주인을 섬기지 못할 것이니 혹 이를 미워하고 저를 사랑하거나 혹 이를 중히 여기고 저를 경히 여김이라 너희가 하나님과 재물을 겸하여 섬기지 못하느니라(마 6:24, 개역개정).

No one can serve two masters. Either he will hate the one and love the other, or he will be devoted to the one and despise the other. You cannot serve both God and Money(마 6:24, NIV).

아무도 두 주인을 섬기지 못한다. 한쪽을 미워하고 다른 쪽을 사랑하거나, 한쪽을 중히 여기고 다른 쪽을 업신여길 것이다. 너희는 하나님과 재물을 아울러 섬길 수 없다(마 6:24, 새번역).

앞서 말한 성경 말씀은 하나님과 재물을 아울러 섬길 수 없다고 합니다. 그런데 현재의 삶에 돈은 없어서는 안 될 필수 요소가 되어 버렸습니다. 이 사실은 아주 어린아이부터 노인에 이르기까지 모두가 인정하는 사실입니다. 그렇다면 이 돈에 대한 우리의 생각은 어떠해야 하는지를 이야기해 보고자 합니다.

저도 돈에 대한 생각 때문에 힘든 적이 많았습니다. 로또에 당첨이 되서 사고 싶은 것, 먹고 싶은 것, 하고 싶은 것을 다 해 보고자 하는 욕심이 제게 가득했던 적이 있습니다. 그리고 제가 가진 것이 많다고 상상을 해 보았습니다. 저는 마치 전능자가 된 것 같았습니다. 그러나 부족한 것이 없으니 하나님을 찾지 않을 것 같았고, 물질의 풍족은 하나님을 멀리하게 하는 것 같았습니다.

그러면, '우리가 가난하게 사는 것을 하나님이 바라시느냐'라는 반문이 생길 수 있습니다. 성경에 이에 대해 다음과 같이 대답합니다.

> 7 내가 두 가지 일을 주께 구하였사오니 내가 죽기 전에 내게 거절하지 마시옵소서
> 8 곧 헛된 것과 거짓말을 내게서 멀리 하옵시며 나를 가난하게도 마옵시고 부하게도 마옵시고 오직 필요한 양식으로 나를 먹이시옵소서
> 9 혹 내가 배불러서 하나님을 모른다 여호와가 누구냐 할까 하오며 혹 내가 가난하여 도둑질하고 내 하나님의 이름을 욕되게 할까 두려워함이니이다(잠 30:7-9, 개역개정).

7 Two things I ask of you, O LORD; do not refuse me before I die:

8 Keep falsehood and lies far from me; give me neither poverty nor riches, but give me only my daily bread.

9 Otherwise, I may have too much and disown you and say, 'Who is the LORD?' Or I may become poor and steal, and so dishonor the name of my God(잠 30:7-9, NIV).

7 주님께 두 가지 간청을 드리니, 제가 죽기 전에 그것을 이루어 주십시오.

8 허위와 거짓말을 저에게서 멀리하여 주시고, 저를 가난하게도 부유하게도 하지 마시고, 오직 저에게 필요한 양식만을 주십시오.

9 제가 배가 불러서, 주님을 부인하면서 '주가 누구냐'고 말하지 않게 하시고, 제가 가난해서, 도둑질을 하거나 하나님의 이름을 욕되게 하거나, 하지 않도록 하여 주십시오(잠 30:7-9, 새번역).

저는 이 말씀으로 재물을 어떻게 대해야 하는지를 묵상하게 되었습니다. 사랑하는 청년 형제자매님들도 이 말씀 붙잡고 살아갔으면 좋겠습니다. 물질은 꼭 필요합니다. 하지만 물질의 노예가 되면 안 됩니다.

우리가 벌어들이는 수익에 대해서도 이야기하고 싶습니다.

정당한 일의 대가로서 헌금을 한다면 좋겠지만 정당하지 못한 수단이나 방법으로 벌어들인 돈을 헌금을 하거나 남을 돕는 것이 좋은 일일까요?

저는 이 방법은 정당한 방법이 아니라고 봅니다. '하나님이 지금 눈앞에 보이지 않는다고 괜찮겠지'라는 생각을 버려야 합니다. 하나님이 눈앞에 보이지 않기 때문에 하나님을 더 무서워할 줄 알아야 합니다. 우리가 재물을 취득할 때 정당한 방법으로 벌어들였으면 합니다. 그리스도인들이 이런 일들을 실천했으면 합니다.

6. 정의로운 나

나는 '무엇이 정의로운가?'에 대한 고민을 많이 했습니다. '그리스도인이 가져야 하는 정의로움은 무언가?'에 대한 생각이었습니다. 청년 때는 정의로움을 다음과 같이 생각했습니다.

"세상의 법을 모두 지키는 것, 법대로 되는 것이 정의로움이다."

그런데 그것이 과연 맞을까요?

저는 이것이 저의 모든 것을 걸 수 있을 만큼 맞는 줄 알았습니다.

하지만 결혼을 한 후, 저는 아내와 아이들과 서로 다른 부분을 맞추어 가야 한다는 것을 알게 되었습니다.

우리의 마음은 처음에는 다각형이었는지 모릅니다. 다각형의 마음들이 서로 다른 부분을 찌르고 찔리다가, 서로 부딪히면서 깨지고 닳아져서 결국 원으로 되어가는 것 같습니다. 지금 우리 가족들도 그렇게 되어가는 것 같습니다. 교회도 마찬가지인 것 같습니다. 건강한 교회나 건강한 가정은 서로가 다툽니다. 그건 서로가 살아 있다는 반증입니다. 하나의 말씀에 대한 서로 다른 견해도 받아들입니다. 다르다는 것은 틀린 것은 아닙니다. 틀린 것이 아니기에 우린 서로를 존중해 줘야 합니다.

정의로운 나에 사로잡힌 시절에는 나와 다른 것은 무조건 틀리다고 생각했고, 그런 사람들을 보지 않으려고도 했습니다. 그런데 시간이 흐르면서 하나님은 저의 이러한 생각이 잘못되었음을 알려 주셨습니다. 처음엔 이것을 받아들이기가 무척 힘들었습니다. 그러나 하나님은 성경과 책들을 통해서 깨달음을 주셨습니다. 정의로움은 내가 실행하는 것이 아니었습니다. 정의로움은 하나님만이 실천하시는 것이었습니다. 그것을 깨닫기까지 제 인생 45년이 필요했습니다. 앞으로 또 정의로움에 대해서 고민할지도 모릅니다.

정의로움은 상대적인 것일 수도 있습니다. 내가 생각하는 정의로움과 상대가 생각하는 정의로움은 다를 수 있습니다. 그러나 우리가 기준으로 삼아야 할 것이 있습니다. 그것은 성경 말씀입니다. 성경 말씀은 우리의 푯대이자 기준입니다. 정의로움은 내 생각이 기준이 되어야 하는 것이 아니라 성경 말씀이 기준이 되어야 합니다. 저는 이 사실을 깨닫는 데도 오랜 세월이 걸렸습니다. 다른 말로 표현하자면, 하나님을 예배하는 것과 하나님의 말씀을 제 안에 받아들이기까지 오랜 시간이 걸렸습니다.

저는 그리스도인이라고 말하면서, 하나님을 믿는다고 하면서, 저는 예수쟁이라고 하면서 정작 내 마음은 그러지 못했습니다. 제가 배운 지식과 경험을 하나님보다 앞세우고, 그것들이 정의로움인 줄 착각을 하고 있었습니다.

저는 목사님의 설교를 통해 은혜를 받았습니다. 하나님의 말씀은 저의 고착된 생각을 깨곤 합니다. 제 마음안에 상대방을 미워하는 마음이 가득하다면 그 사람이 진실을 말하건, 거짓을 말하건, 착한 일을 하건, 나쁜 일을 하건 중요하지 않고 모두 다 밉게 여겨집니다. 그러나 하나님의 말씀과 다른 사람을 이해하고 싶은 마음, 그리고 다른 사람의 말을 들어줄 수 있는 경청이 있을 때 정의로움이 있는 것 같았습니다.

　이것을 깨닫고 나니, 교회 성도님들뿐만 아니라 지나가는 모든 사람들이 아름다웠고 그들도 하나님이 사랑하시는 자녀라고 여겨졌습니다. 그래서 저는 회개했습니다. 하나님이 이처럼 세상을 사랑하사 독생자를 주셨다는 말씀을 깨닫는 순간이었습니다. 감사했습니다. 그리고 눈물이 났습니다. 참으로 사랑은 모든 것을 덮고 모든 것을 감당할 수 있습니다. 우리를 위해서 십자가를 지신 예수님을 묵상해 봅니다.

> 하나님이 세상을 이처럼 사랑하사 독생자를 주셨으니 이는 그를 믿는 자마다 멸망하지 않고 영생을 얻게 하려 하심이라(요 3:16, 개역개정).
>
> For God so loved the world that he gave his one and only Son, that whoever believes in him shall not perish but have eternal life(요 3:16, NIV).
>
> 하나님께서 세상을 이처럼 사랑하셔서 외아들을 주셨으니, 이는 그를 믿는 사람마다 멸망하지 않고 영생을 얻게 하려는 것이다(요 3:16, 새번역).

무엇보다도 뜨겁게 서로 사랑할지니 사랑은 허다한 죄를 덮느니라(벧전 4:8, 개역개정).

Above all, love each other deeply, because love covers over a multitude of sins(벧전 4:8, NIV).

무엇보다도 먼저 서로 뜨겁게 사랑하십시오. 사랑은 허다한 죄를 덮어 줍니다(벧전 4:8, 새번역).

진정한 정의로움은 바로 뜨겁게 사랑하여 모든 죄를 덮는 것이었습니다.

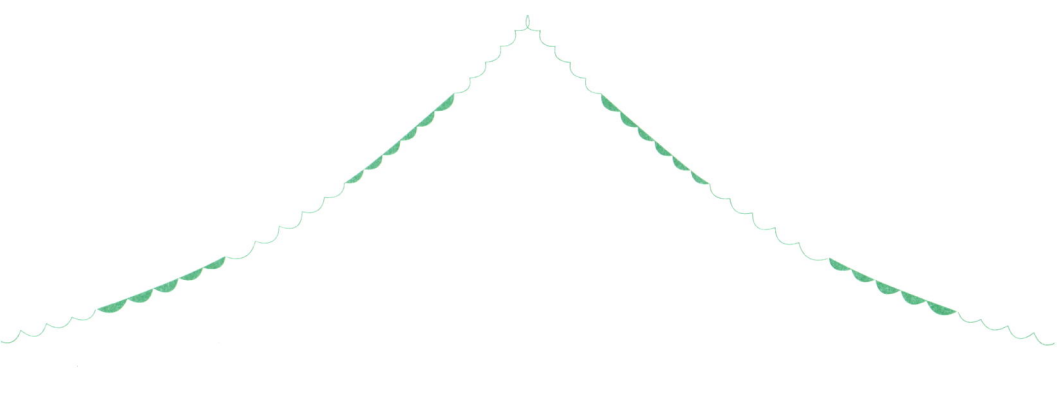

Chapter

추천 교육

# 1. 감정코칭 교육

자신의 심리치료와 아이 양육을 위해서 필요한 감정코칭 교육을 소개하고자 합니다. 이 교육은 제 자신이 받았고 많은 도움이 되었습니다. 감정코칭에 대한 기본 소개를 하고 관련 사이트도 소개하고자 합니다.

> 감정코칭이란?
> 아이의 감정은 수용하되 행동은 수정해 주는 것.

감정코칭 기법은 크게 3시기로 발전해 왔습니다.

1) 1960년대 - 하임 기너트 박사의 발견(감정코칭 기본 철학)

이스라엘의 교사, 아동심리학자, 심리치료사였던 기너트 박사가 현장에서 활동하면서 감정과 행동을 구분하는 통찰력과 영감을 얻었습니다. 기너트 박사는 자신의 경험과 많은 임상사례를 통해

1960년대에 『부모와 아이 사이』, 『부모와 십대 사이』, 『교사와 학생 사이』 등 3부작을 집필하였고, 서양의 교육을 한 단계 높이는 데 공헌했습니다.

2) 1990년대 - 가트맨 박사의 연구(과학적 실험 검증과 체계화)

가트맨 박사는 원래 수학과 물리학을 전공한 후에 인간발달학과 부부치료와 부모-자녀 관계를 연구했습니다. 그는 기너트 박사의 교육 철학이 갖고 있는 가치를 재발견하여 이에 대한 효과성을 연구하였고, 그 결과 아이들의 감정에 대해서 부모들이 4가지 유형을 반응한다는 사실을 발견했습니다. 그리고 감정코칭을 어떤 특별한 재능이나 특별한 지식을 가진 전문가만이 아니라, 모든 부모님과 모든 교사들이 활용할 수 있도록 5단계로 체계화했습니다.

3) 2000년대 - 조벽, 최성애 교수의 학문적 토대 형성과 세계화

조벽, 최성애 교수는 교육자, 심리치료사, 인간발달학자로서 가트맨의 감정코팅 5단계에 뇌, 심장, 인간발달 단계 등 학문적 토대를 구축하였고, 감정코칭의 효과성을 향상시키는 방법과 도구를 개발하고 있습니다. 그들의 방법은 한국뿐 아니라 싱가포르, 중국, 필리핀, 브라질, 멕시코, 과테말라, 터키 등, 다양한 나라의 가정과 교육

현장의 다양한 상황에서 방대한 성공 사례를 통하여 효과성을 입증하면서 세계로 전파되고 있습니다. 즉, 감정코칭은 최근에 유명세를 타면서 잠시 반짝하다 사라질 기법이 아니라 지난 50년 내내 연구와 임상실험을 통해 검증되었고 지속적으로 확산되고 있습니다.

감정코칭 5단계는 아래와 같습니다.

① 아이의 감정을 포착한다.
② 좋은 기회로 여긴다.
③ 아이의 감정을 들어주고 공감한다.
④ 감정에 이름을 붙인다.
⑤ 바람직한 행동으로 선도한다.

감정코치의 사명(임무, 미션)은 다음과 같습니다.
"감정코칭을 체계적으로 배운 지구 시민이 되어서 행복 씨앗을 널리 심는다."

감정코칭 과정은 2급반, 1급반이 있습니다. 2급반만 교육을 받으셔도 되고 더 체계적인 교육을 받고자 하시는 분은 1급반 과정까지 받으셔도 좋습니다. 그런데 교육비가 좀 비쌉니다. 하지만 교육을 받고 나시면 절대 후회하지 않으실 겁니다.

이외에도 사이트를 통해 다양한 교육이 있습니다. 인성교육지도사, 회복탄력성, 부부치료 교육 등이 있습니다. 아래의 사이트를 방문하셔서 좋은 교육에 대한 정보를 얻으시면 좋겠습니다.

https://handanfamily.co.kr

2. 결혼 예비 학교

결혼 예비 학교는 결혼에 대한 성경적 의미, 남녀 차이, 부부의 성, 가정 경제 등의 결혼생활에 꼭 필요한 주제를 가지고 하나님께서 기뻐하시는 행복한 결혼을 설계하도록 돕는 프로그램입니다. 청년 형제자매들은 이런 교육을 찾아서 꼭 받으셨으면 합니다. 저희 부부는 다행히 멘토 목사님 부부가 이 교육을 진행해 주셔서 다행이었습니다. 결혼 예비 학교 교육은 주로 큰 교회들에서 진행하고 있습니다. 각 교회들에서 진행하고 있는 내용들을 뽑아보면 다음과 같습니다.

* 결혼의 성경적 원리.
* 부부의 재정.
* 너와 나의 다름의 축복.
* 하나됨의 비밀, 성.
* 결혼과 자아상의 치유.
* 우리 가정의 영성.
* 이성과의 만남.
* 부부간의 의사소통.
* 부부관계.
* 결혼에 대한 성서의 가르침.
* 하나님 안에서 행복한 가정을 세우기 위해 배워야 할 남녀의 차이.
* 대화.
* 아름다운 성에 대한 지식들을 습득하며.
* 성경적 결혼관.
* 남녀의 차이와 가치관.
* 신혼부부의 성.
* 소통과 공감.
* 성격진단.
* 부부상처 치유.
* 치유와 회복의 삶.

위 프로그램들 가운데 비슷비슷한 내용들이 많습니다. 형제자매님들이 여러 결혼 예비 학교의 프로그램들을 직접 확인하신 후에 참여하시면 좋겠습니다. 교육은 직접 참여하시는 것이 좋습니다. 아래는 유명한 결혼 예비 학교 사이트입니다. 이곳은 저와는 아무런 관련이 없습니다.

http://cafe.naver.com/godpeopleschool

좋은 곳에서 교육 받으시면 좋겠습니다. 결혼은 정말 중요합니다. 결혼을 통해서 하나님께서 주실 것이 많습니다. 우리 모두 하나님을 신뢰하고 행복한 결혼을 이루어 가셨으면 좋겠습니다.

3. 심리치료

우리는 알지 못하는 사이에 여러 가지 이유로 상처들을 받아왔습니다. 이 상처들은 우리의 무의식 속에 자리를 잡아가게 됩니다. 무의식은 우리가 의식하지 않든 의식하든 간에 우리들의 정신세계를 지배하고 있습니다. 이 무의식에 의해 자기도 모르는 사이에 감정이 우울해지거나 화가 나거나 남을 미워하거나 슬퍼지기도 합니다. 그런데 이런 감정들이 왜 발생하는지 모르는 사람들이 많습니다.

요즘 신문지상에는 사람들이 자기의 화를 참지 못해서 다른 사람에게 피해를 주는 사건 사고가 많이 일어나고 있습니다. 이와 같은 이유는 자신 안에 있는 다른 감정을 주체하지 못하고 밖으로 표출하기 때문입니다. 사회적으로 이런 사고를 막기 위해서는 교회에서도 적극적으로 대처해야 합니다. 자신 안의 화들은 내면세계에 있는 상처들로부터 오게 됩니다. 이 상처들이 어디서 오게 되는가를 잘 살펴봐야 합니다.

심리치료가 어렵다면 심리치료를 해 주는 여러 가지 좋은 책들이 있습니다. 이 책들을 읽음으로써 내면을 바라보고 마음을 치유할 수도 있습니다. 또한 마음을 치유하는 교육 프로그램들도 있습니다. 이 교육들을 적극적으로 활용해 보는 것도 좋을 듯합니다. 제가 보기에 속도 경쟁은 우리 모두를 병들게 하는 요인 중에 하나인 것 같습니다. 요즘은 남보다 느리면 뒤쳐져서 바보가 되는 세상이 되었습니다. 그리고 다른 사람들의 그룹에 들어가지 못하면 왕따가 됩니다. 어떤 그룹에 들어가지 못하면, 곧 쓸모없는 사람처럼 생각되는 세상 풍토가 문제입니다.

우리는 늘 혼자입니다. 이건 절대 부정할 수 없습니다.

왜 "군중 속의 고독"이라는 말이 있을까요?

사람은 태어날 때도 혼자이고 죽을 때조차 혼자입니다. 위대한 성인들은 혼자의 시간을 잘 이겨낸 분들입니다. 혼자의 시간 동안 여러 가지 건설적인 일들을 많이 했기에 그분들의 능력이 최대치가 될 수 있었습니다. 혼자의 시간은 정말 중요합니다. 그 시간동안 우리 그리스도인들도 할 일이 많습니다. 인터넷 서핑, 쇼핑, 채팅에 빠져서 그 아까운 시간을 보내지 않았으면 합니다. 이와 같은 일들은 우리의 마음을 치료하기보다 더 큰 상처를 줍니다.

사람은 믿음의 대상이 아니라 사랑의 대상입니다. 사람을 신뢰하기보다 하나님을 신뢰하십시오. 어쩌면 자신도 신뢰할 수 없습니다.

자신을 신뢰할 수 없는데 어찌 남을 신뢰할 수 있을까요?

정말 그건 어려운 일입니다. 오직 하나님을 신뢰하십시오. 하나님을 신뢰하면서 자신과 싸워야 합니다. 우리의 신앙은 아무 노력 없이 이루어지지 않습니다. 얼마나 그 혼자의 시간을 유익하게 보냈느냐에 따라서 사람은 변할 수 있습니다. 누구에게나 똑같은 1년 365일, 하루 24시간이 주어집니다. 하루를 22시간처럼 쓰느냐, 26시간처럼 쓰느냐는 개인에게 달려 있습니다.

다른 사람과 경쟁하지 마세요. 오직 자기 자신과만 경쟁하세요.

다른 사람은 웃게 하세요. 그게 자신이 스트레스를 받지 않는 비결입니다. 자신의 심리치료는 꼭 필요합니다.

혼자의 시간을 쓸데없는 시간으로 소비하지 마시고 조용히 찬양하고 묵상하면서 하나님을 만나고, 이를 통해 자신이 치유되길 기도하세요. 좋은 찬양과 말씀 묵상을 통해 치유해 주실 것입니다. 절대 빠르게 치유하려고 하지 마세요. 천천히 주님과 긴 호흡으로 나아갔으면 합니다. 넘어질 때마다 자신의 모습을 인정하고 지난번보다 더 조금씩 좋아지기만 하면 됩니다. 자신을 인정하세요. 그리고 자신을 사랑하세요. "하나님, 지금 내 모습 이대로 사랑해 주세요"라고 기도하세요. 그러면 하나님께서는 반드시 치료하실 겁니다.

4. 창조론 교육

성경은 우리가 사는 세상을 하나님께서 태초에 말씀으로 창조하셨다고 하십니다. 그러나 학교 지식은 세상이 진화되었다고 합니다. 빅뱅이론에 의하면, 탄생된 우리 우주는 급속하게 팽창하여 지금의 모습이 되었다고 합니다. 저는 이 이론을 공부하면서 웃어야 할지, 울어야 할지 모르는 표정을 지었습니다. 어쩌면 저와 같은 생각을 하시는 분이 있을지도 모르겠습니다. 그렇다면 지금까지 제가 알게 된 창조론에 대한 이야기를 해볼까 합니다.

창조론은 하나님이 세상을 창조했다고 믿습니다. 창조론은 젊은 지구론과 오래된 지구론으로 나눌 수 있습니다. 창조론이 2가지로 나뉘는 배경은 여러 가지가 있습니다. 젊은 지구론은 지구가 창조된 지 1만 년 이상이 되지 않았다고 보는 주장입니다. 오래된 지구론은 지구가 창조는 되었지만 역사가 아주 오래되었다고 주장합니다. 양쪽에 팽팽한 입장이 있고 주장이 있습니다. 저는 개인적으로 젊은 지구론을 주장합니다. 물론 반론에 대해서는 열려있습니다.

지적설계론은 특정 신을 주장하지는 않습니다. 그들은 지구와 우주가 분명 지적으로 뛰어난 어떤 존재에 의해 만들어졌다고 주장합니다.

진화론은 세상이 자연 발생적으로 만들어졌다고 주장합니다. 진화론자들이 주장하고 있는 이론 중에 하나는 원숭이가 사람의 조상이라는 것입니다. 그러나 저는 이 주장을 따르면 이상하게 된다고 봅니다. 우리는 조상 모시는 일을 아주 중요하게 생각하는데, 이러한 주장에 따르면, 인류는 자신들의 조상인 원숭이를 동물원에 가두고 구경하고 있는 것입니다.

진짜 원숭이가 우리의 조상이라면 더 좋은 곳에서 모셔야 하지 않을까요?

원숭이를 좋은 호텔에 모셔서 편안하게 해 주어야 하지 않을까요?

우리 그리스도인들 가운데 이런 다양한 주장들을 모르는 분들이 있습니다. 하지만 저는 이런 작은 것 하나부터 부모들이 알고 있고, 아이들에게 교육해야 한다고 생각합니다.

청년 형제자매 여러분, 창조론에 대해서도 열심히 공부해서 아이들에게 좋은 교육을 해 주셨으면 합니다.

참고할 만한 창조론 사이트를 소개합니다. 청년 형제자매님들도 다양하게 공부를 하시고, 아이들을 교육하실 때 도움이 되었으면 좋겠습니다.

한국 창조과학회 − http://www.kacr.or.kr
바이블 사이언스 − http://biblescience.org

좋은 정보들 얻으시기 바랍니다.

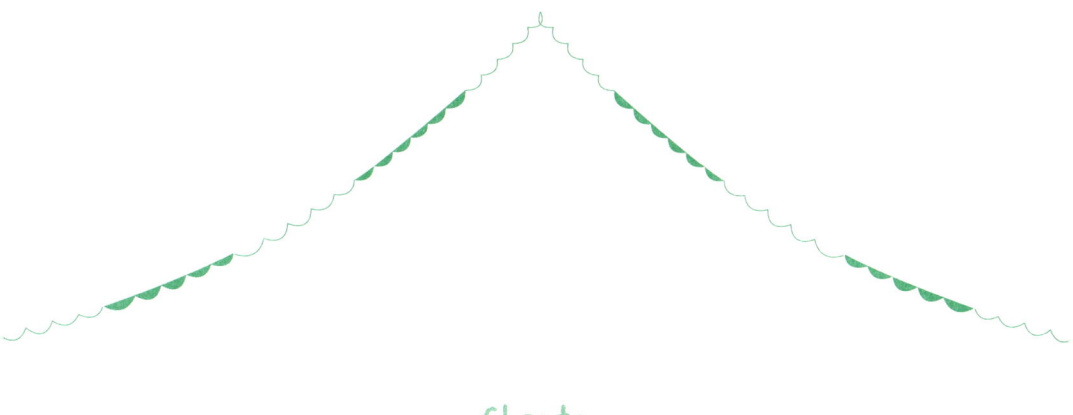

Chapter

· · · · · · · · · · · · · ·

추천 도서

하정훈, 『삐뽀삐뽀 119 소아과(1)』 (그린비라이프)

책 소개

몸과 마음이 다 건강한 아이로 키우기 위해서는 무엇보다 엄마와 아빠가 일관된 육아관을 가지고 있는 것이 중요합니다. 『삐뽀삐뽀 119 소아과』는 소아과 전문의가 알려 주는 증상별 대처법을 모으고 모아, 부모들의 필독서라고 해도 과언이 아닙니다. 감기, 피부병, 소화불량, 설사 등 아이들이 쉽게 걸리는 질병을 중심으로 증상별 대처법을 일목요연하게 정리했습니다. 특히, 소아과 의사에게만 의존하는 부모들에게 올바른 건강 지식을 심어줍니다. 부록으로 붙인 예방 접종 시기와 신체발달 평균치도 육아에 많은 도움을 줍니다.

제대로 먹이고, 몸과 마음이 다 같이 건강하게 자랄 수 있도록 배려하고, 아플 때 아기의 병이 심해지지 않도록 적절한 조치를 취해 주는 것. 그것이 바로 아이를 위한 건강한 육아입니다. 예를 들어, 아기의 성장과 발달 상황에 맞춰 그때그때 꼭 필요한 음식을 먹이는 것만으로도 '밥이 보약'이라는 사실을 깨닫게 될 것입니다.

책 목차 중 일부 발췌

엄마가 꼭 알아야 할 아기 체크 리스트

가래

    가래는 꼭 뱉어야 하나요?

    가래를 배출하는 데 도움이 되는 방법

가습기와 청정기

    가습기에 관해 꼭 알아 두어야 할 것들

    공기 청정기에 대해 알아볼까요?

· · · · ·

느낀 점

  책 두께가 무척 두껍습니다. 그래서 지레 겁을 먹습니다. 저도 처음에 무작정 읽기 위해서 달려들었습니다. 그런데 이 책은 그렇게 한 번에 보기엔 내용이 많습니다. 처음에 목차만 봐두어도 괜찮습니다. 그리고 틈틈이 아이가 없을 때 조금씩 읽어나가면 됩니다. 나중에 아이가 세상에 나오면 책 여기저기 부제목들을 보고 필요한 부분들에서 읽어보시면 됩니다. 다양한 분야에 대한 기록입니다. 이런 책을 쓰신 의사 선생님을 보면 대단하다는 생각도 듭니다. 아이 다 키우신 집에는 거의 한 권씩 있습니다. 새 책을 구입하시기 어려우면 주변분들에게 받아보셔도 좋을 듯합니다.

칼 비테, 『칼 비테의 자녀 교육법』 (베이직북스)

책 소개

가정교육 방법론에 관한 입문서입니다. 『칼 비테의 자녀 교육법』은 19세기 독일의 유명한 천재 Jr. 칼 비테의 아버지가, 미숙아로 태어난 아들을 독특한 교육이념과 방법으로 훌륭하게 길러낸 경험을 바탕으로 집필된 가정교육 입문서입니다. 현재까지도 조기교육과 영재교육의 '경전'으로 불릴 만큼, 수많은 사람들에게 찬사를 받고 있습니다. 이 책은 칼 비테가 14세 이전의 아들에게 실시했던 조기교육과 아들 칼 비테가 조기교육을 받아들이는 상황에 대해서 두루 얘기하며, 최고의 답안을 제시하고 있습니다. 특히 아버지 칼 비테가 아들 칼 비테를 천재로 키워내는 과정을 상세하게 안내합니다. 이 과정에서 부모가 어떤 철학을 갖고 아이를 양육해야 하는지를 엿볼 수 있습니다.

책 목차 중 일부 발췌

Chapter 1 하나님, 제 아이를 보호해 주세요
　좋은 여자를 부인으로 맞이하다
　작은 실수

하나님은 우리의 희망을 저버리지 않는다

엄마가 먼저 변해야 한다

Chapter 2 환경이 다를 뿐 누구나 똑같이 태어난다

아이의 재능과 후천적 교육

지나친 독촉이 인재를 망친다

유아기는 도자기를 만드는 점토와 같다

아동의 잠재력 체감법칙

아이가 태어나는 날부터 교육을 시작한다

· · · · · ·

> 느낀 점

　기독교 정신으로 아이를 키우고 싶고, 현재 시대 교육의 관점과는 다른 관점으로 아이를 키워보고 싶은 분들에게 이 책을 권합니다. 저는 이 책을 바탕으로 넷째 아이를 키워보고 있습니다. 그전에는 여러 가지 많은 책을 읽어봤고 그 책들처럼 해 보려고 했습니다. 그런데 뜻대로 잘 안됐습니다. 물론 지금도 어렵기는 마찬가지입니다.

　세상에서 가장 어려운 일은 일이 아니라 자식을 양육하는 것입니다. 하나님의 귀한 선물인 만큼 어떻게 하면 잘 키울 수 있을지 고민하지 않을 수 없습니다. 주인으로서가 아닌 청지기로서 키우기 위한, 고민의 책이기도 합니다.

칼 비테, 『칼 비테의 공부의 즐거움』 (베이직북스)

책 소개

두 세대(아버지와 아들)에 걸친 기나긴 교육 임상체험 보고서입니다. 『칼 비테의 공부의 즐거움』은 Jr. 칼 비테의 아버지의 입장에서 서술되었던 전작 『칼 비테의 자녀 교육법』에 이은 자녀 교육서로, 아들 Jr. 칼 비테의 입장에서 서술되는 피교육자로의 경험과 본인이 부모가 되어 직접 아들을 키우는 입장에서의 사례를 소개하고 있습니다. 이 책에는 19세기 독일의 유명한 천재 Jr. 칼 비테가 자신의 아버지로부터 받았던 교육 내용이 실려 있습니다. Jr. 칼 비테는 아버지와의 일화들을 회상하며 그 당시의 자신의 기분이나 생각, 그로 인해 받았던 영향, 그때는 몰랐었지만 어른이 되어서야 깨닫게 된 아버지의 교육의 의도나 목적 등을 세세하게 적고 있습니다.

또한 단테, 미켈란젤로, 레오나르도 다빈치, 라파엘로, 괴테, 렘브란트, 파가니니, 모차르트 등 역사상의 수많은 천재들이 어린 시절에 받았던 교육 내용을 소개하면서 아버지의 교육이 얼마나 과학적인지를 입증하는 또 다른 예로 삼고 있습니다. 뿐만 아니라 아버지의 교육 핵심 내용을 '8대 교육법'으로 정리하여 이해하기 쉽게 요약했습니다.

책 목차 중 일부 발췌

Chapter 1 자녀의 인생은 부모로부터 시작된다

특별한 우생학; 아버지의 소신

천재로 키우려면 미리 준비해라

천재와 바보는 한걸음 차이

Chapter 2 요람에서부터 운동을 시작해라

천재를 만드는 최고의 식단

요람에서부터 운동을 시작해라

냉수요법

규칙적인 생활을 가르쳐라

Chapter 3 영아기 때부터 지능계발을 시작해라

출생 15일 후부터 시작된 지능훈련

조기에 관찰력을 길러라

유년기의 기억력 훈련

· · · · · ·

느낀 점

아버지로부터 배운 내용을 바탕으로 아들이 자기 아들을 어떻게 교육했는지를 보여주는 책입니다. 이 책은 가르치는 입장이 아닌 배우는 입장에서 기록되었습니다. 아이에게 어떻게 교육하는 것이 좋은지에 대해서 기준이 된 책이라고 할 수 있습니다. 저도 이 책을 읽기 전에는 아이들 교육에 있어서 혼란스러웠습니다. 그런데 이 책은 그 좌표를 보여 준 것 같아 좋습니다. 꼭 이 책을 추천합니다.

질 래플리 · 트레이시 머켓, 『아이주도 이유식』 (한빛라이프)

책 소개

『아이주도 이유식』은 이유식을 시작하는 방법 중 하나인 아이주도 이유식(Baby-led Weaning, BLW)을 소개하고 있습니다. 아이주도 이유식이 아이에게 얼마나 좋은 방법인지, 아이의 기량과 본능을 믿는 것이 왜 이치에 맞는지를 설명하고 있습니다. 또한 아이주도 이유식을 실천할 때 알아야 할 실용적인 조언, 일어날 수 있는 위험 상황에 대처하는 법에 대해서도 다루고 있습니다.

책 내용 중 일부 발췌

아이주도 이유식에는 부드러운 죽과 으깬 음식, 덩어리진 음식을 단계별로 거친 후 '진짜' 음식을 허용하는 식으로 따라야 할 진행 계획이나 완료해야 할 단계가 없습니다. 복잡한 일일 식사 계획표를 따를 필요도 없습니다.

그 대신 아이가 음식을 탐색하는 모습을 편안하게 즐길 수 있습니다. 이유식을 소개하는 대부분의 책이 조리법과 식단표를 담고 있지만 이 책은 다릅니다. 아이에게 어떤 음식을 제공하느냐보다는 어떻게 혼자 힘으로 먹게 할 것이냐를 다루고 있습니다. 이유식을 계획한다는 말은 가족이 먹는 음식을 아이가 먹을 수 없고 아이를 위해 음식을 따로 준비해야 한다는 뜻입니다. 하지만 이 책에서 소개하는 대부분의 음식은 생후 6개월 된 아이도 먹을 수 있도록 쉽게 손질할 수 있습니다. 부모가 먹는 음식이 몸에 좋고 영양이 풍부하기만 한다면 따로 조리법이 필요치 않습니다(p. 16).

이유식이란 모유나 분유에만 의존하는 단계에서 이를 전혀 먹지 않는 단계로 옮겨가는 점진적인 변화의 과정입니다. 이 변화는 최소 6개월 이상 걸리지만 아이에 따라, 특히 모유를 먹이는 경우에는 몇 년이 걸릴 수도 있습니다. 이 책은 처음으로 젖이나 분유가 아닌 고형식을 접하면서 이유식을 시작하는 과정에 관한 책입니다(p. 24).

아이가 똑바로 앉을 수 있고, 손을 뻗어 물건을 움켜쥔 뒤 빠르고 정확하게 입으로 가져갈 수 있다면, 또한 장난감을 물어뜯거나 씹는 행동을 한다면 이유식 탐색을 시작할 준비가 되었을 가능성이 높습니다(p. 32).
아이는 원래 엄마 뱃속에 있는 동안 축적한 영양소를 지닌 채 태어납니다. 쌓인 영양소는 태어나는 순간부터 소비되기 시작하지만 모유에 들어 있는 영양소만으로도 여전히 충분합니다. 하지만 생후 6개월경부터 균형이 깨지면서 점차 모유나 분유가 공급할 수 있는 양보다 더 많은 영양분을 음식을 통해 공급받아야 합니다(p. 65).

숟가락으로 떠먹는 경우 아이가 원하지 않는 음식을 먹도록 강요하기가 특히 더 쉽습니다. 반면 스스로 먹는 아이들은 배가 부르면 중단하여 자연스럽게 더 자신의 음식 섭취를 조절합니다. 즉 필요한 만큼만 먹고 그 이상은 먹지 않는 거지요(p. 71).

아이는 시간을 들여 천천히 학습해야 하므로 서둘러서는 안 됩니다. '제대로' 할 때까지 새로운 기술을 반복해서 연습하려는 욕구가 있으므로 초기에는 한 끼 식사를 '마치는 데' 40분이 걸릴 수도 있습니다(p. 106).

느낀 점

이 책은 아기주도 이유식에 대해서 소개하고 있습니다. 이 책에서 소개하는 것이 맞을 수도 있지만 틀릴 수도 있습니다. 그러나 4명의 아이를 키워 본 저희의 입장에서는 무조건 틀리지는 않았습니다. 그런데 이 방법을 할 때는 주의하셔야 할 점이 있습니다. 아이가 덩어리진 음식을 넘길 때 주의 깊게 보셔야 한다는 것입니다. 꼭 주의하셔야 합니다.

이철우, 『심리학이 연애를 말하다』 (북로드)

책 소개

나의 사랑, 지금 어디쯤 가고 있을까?
심리학으로 풀어보는 연애의 비밀!

제대로 연애를 하고 싶은 사람들을 위해 국내 사회심리학자가 구체적인 자료들을 바탕으로 국내 실정에 맞게 쓴 연애 심리서. 연애의 시작부터 이별까지, 그리고 또 다른 사랑이 시작되는 모든 과정에 적용할 수 있는 공통적인 심리법칙의 비밀을 풀고 있습니다.

제1장에서는 왜 다른 사람에게 매력을 느끼고 좋아하는지에 대해 살펴봅니다. 제2장에서는 '사랑이란 무엇일까'라는 원론적인 물음에서 시작해 사랑에는 어떠한 유형들이 있으며, 다양한 연애 단계설을 통해 연애가 어떻게 시작되고 진행되는지를 집중적으로 살펴봅니다. 제3장에서는 연애가 진전되는 과정에서 우리가 흔히 마주치게 되는 현상이나 심리들, 예를 들어 사랑을 고백하기가 왜 힘든지 질투심을 느낄 때는 어떻게 해야 하는지에 대해 구체적으로 알려줍니다. 매번 "나 사랑해?"하고 묻는 연애가 왜 오래가지 못하는지, 반대로 오래 연애하는 사람들의 특징은 무엇인지 알 수 있다. 마지막으로 제4장에서는 실연을 다루고 있습니다. 이 장에서는 실연은 누구

나 겪는 것임을 알려 주고 실연 극복에 효과적인 몇 가지 방법들도 소개합니다.

책 내용 중 일부 발췌

연애나 결혼에서 중요한 요소 중 하나는 바로 '근접성'이다. 근접성의 요인에는 '지리적 근접성의 요인'과 '관계적 근접성의 요인'이 있다. 먼저 '지리적 근접성의 요인'이란, 두 사람의 사는 곳이나 일하는 곳이 지리적으로 가까워야 한다는 것을 말한다. 지리적 근접성의 요인이 중요하다는 것을 최초로 체계적으로 증명한 사람은 미국의 사회학자 J.H.Bossard다. 보사드는 5000명의 사람들을 대상으로 한 조사에서 34%에 달하는 사람들이 5블록 이내에 거주하고 있는 사람과 결혼했다는 것을 밝혀냈다. 처음 만났을 때 같은 건물에 살고 있었다는 사람들도 12%에 달했다. 또한 보사드는 거리가 멀면 결혼 성공률도 낮아진다는 점을 증명했다. 이러한 결과를 두고 보사드는 "큐피드는 화살을 갖고 있지만 멀리 날아가지는 못한다"라는 유명한 말을 남겼다(p. 19).

사람이란 자주 보면 볼수록 호감을 느끼게 마련이다. 사회심리학에서는 이러한 현상을 "단순접촉효과"라고 부른다(p. 23).

상대를 칭찬할 때는 주의할 점이 있다. 바로 일관되게 칭찬해야 한다는 것이다. 10번 칭찬하다 1번 비난을 하면 앞서 칭찬한 것들은 도로 아미타불이 되어버린다. 단 한 번의 비난으로 그동안 공들인 것이 한순간에 날아가 버릴 수 있기 때문이다(p. 29).

연애를 한 단계 발전시키려면 어둠만큼 효과적인 것은 없다. 밑져야 본전이니 마음에 드는 이성이 있으면 어두운 분위기가 연출된 곳으로 함께 가 보라(p. 147).

한 가지 흥미로운 사실은 아버지가 반대하는 연애나 결혼은 별 문제가 없지만, 어머니가 반대하는 딸의 연애나 결혼은 그 결말이 좋지 않다는 것이다. 일본의 심리학자 다쿠마의 연구에 따르면, 어머니가 반대하는 연애나 결혼은 파탄이나 이혼으로 끝나는 경우가 많았다(p. 185).

느낀 점

심리학과 연애가 절묘하게 만난 책입니다. 사람들의 심리적인 부분을 잘 이해하고 연애를 한다면 좋은 연애를 할 수 있습니다. 이성에 대한 마음을 이해하고 그에 대한 전략을 가지는 것 또한 좋은 연애를 하는 방법일 수 있습니다.

신영복, 『담론』 (돌베게)

책 소개

　신영복 교수는 1989년부터 거의 25년간 대학 강의를 했습니다. 이제 그는 2014년 겨울 학기를 마지막으로 더 이상 대학 강단에 서지 않고 있습니다. 비정기적 특강을 제외한다면, 대학 강단에서 그를 보기는 어려울 듯합니다. 대신 저자는 강단에 서지 못하는 미안함을 그의 강의를 녹취한 원고와 강의노트를 저본으로 삼은 책 『담론』으로 대신한다고 밝히고 있습니다.

　이전의 저서 『감옥으로부터의 사색』에서 '마음'을 다스리고, 『강의』에서 '동양고전을 어떻게 이해할 것인가'라는 탐색을 거쳤다면, 이번 책에서 그는 '사색'과 '강의'를 '담론'이라는 이름으로 합쳐냈습니다. 그리하여 동양고전 독법을 통해 '관계론'의 사유로 세계를 인식하고, 고전을 현재의 맥락에서, 오늘날의 과제와 연결해서 읽어봅니다.

　또한 저자 자신이 직접 겪은 다양한 일화들, 생활 속에서 겪은 소소한 일상들을 함께 들려줌으로써 동양고전의 현대적 맥락을 더욱 쉽게 이해할 수 있도록 하고 있습니다. 『강의』 이후 만 10년이라는 시간 동안 훨씬 깊어진 논의와 풍부한 예화를 담아낸 이 책에서 저자의 고도의 절제와 강건한 정신을 엿볼 수 있습니다.

책 내용 중 일부 발췌

옛날에는 공부를 구도라고 했습니다. 그리고 구도에는 반드시 고행이 전제됩니다. 그 고행의 총화가 공부입니다. 공부는 고생 그 자체입니다. 고생하면 세상을 잘 알게 됩니다. 이처럼 고행이 공부가 되기도 하고, 방황과 고뇌가 성찰과 각성이 되기도 합니다. 공부 아닌 것이 없고 공부하지 않는 생명은 없습니다(p. 18).

맹자 중에서 그의 인간적 면모를 읽을 수 있는 예화 몇 가지를 소개하겠습니다. 우선 내가 좋아하는 글을 소개합니다. "바다를 본 사람은 물을 말하기 어려워한다." 큰 것을 깨달은 사람은 작은 것도 함부로 이야기하지 못한다는 뜻입니다(p. 116).

이사는 주공, 관중에 버금가는 승상이었음에도 불구하고 법가로서의 엄정함과 원칙을 끝까지 지키지 못하고 조고의 간계로 비극의 주인공이 되었습니다. 이사야말로 천하 통일의 일등 공신이라고 할 수 있습니다. 분서갱유도 이사의 작품(?)이라고 합니다. 분서갱유가 진나라의 잔혹사로 거론됩니다만 과학 서적은 분서하지 않았습니다. 과거 성왕들의 치세를 칭송하는 서책이 대상이었다고 합니다. 지방분권을 옹호하고 중앙집권 체제에 반대하는 반혁명적 서적을 태운 것입니다. 역법, 종수, 의학 서적들은 분서하지 않았습니다. 분서 대상도 국가 소유의 서책이 아니라 민간 소유의 서책이었습니다. 당시에 민간이 소유한 책은 얼마 안 됩니다. 그리고 갱유도 그렇습니다. 유자들을 묻었다고 하지만 유자가 아니었을 뿐 아니라 그 수도 460명 정도였습니다. 당시 중국에서는 얼마 안 되는 숫자입니다(p. 187).

사기 연구자들은, 사마천은 궁형을 당하고 갇혀 있던 3년 동안 52만 6,500자의 사기를 아마 거의 암기한 상태에서 출소했으리라고 추측하기도 합니다 (p. 222).

그런데 더 걱정인 것은 전승기념탑이 보이지 않는 것이었습니다. 노을은 거의 떨어지려고 하고 전승기념탑은 없고, 안내자에게 전승기념탑이 어디에 있느냐고 물었습니다. 가까이에 있는 동상을 전승기념탑이라고 하는 것이었습니다. 여자 동상이었습니다. 아무려면 전승기념탑이 여자 동상이라니, 전승기념탑이면 적어도 워싱턴 전쟁기념관의 기념탑같이 완전군장을 한 해병들이 진지에 성조기를 세우는 조형이라야지. 여자 하나가 서 있는 동상이 전승기념탑이라니. 의심이 들었습니다. 재차 확인했습니다. 내가 자기를 의심하고 있다는 느낌을 받은 안내원이 정색해서 얘기했습니다.

"전쟁에서 이겼다는 것은 전쟁에 나간 아들이 죽지 않고 돌아온다는 걸 의미한다. 어머니가 돌아오는 아들을 언덕에서 기다리는 것만큼 전승의 의미를 표현할 수 있는 것이 있는가?" 나를 직시하며 이야기했습니다. 굉장히 부끄러웠습니다. 들킨 것이지요. 전승에 대한 나의 관념이 얼마나 천박한 것인가를 그는 간파하고 있었습니다(p. 241).

느낀 점

살아생전 신영복 선생님의 느낌을 잘 이해하지 못했습니다. 하지만 그분이 돌아가셨다는 소식을 듣고 고민을 했습니다. 제가 또 한 분의 좋은 분을 살아생전 찾지 못했다는 것을 후회했습니다. 그래서 다시 선생님을 만나뵙고자 신영복 선생님이 쓰신 책을 다 구입하여 보았습니다. 그리고 기분이 좋아졌습니다. 살아계시지는 않지만 지금 제 옆에 계신 것 같은 느낌이었습니다. 말이 필요 없는 책인 것 같습니다. 꼭 추천합니다.

고도원, 『어린이에게 띄우는 고도원의 아침편지』 (아이들판)

책 소개

100권의 좋은 책에서 가려 뽑은 좋은 구절들과 거기에 쉬운 문장으로 감상문을 덧붙인 책입니다. 『인어공주』, 『갈매기의 꿈』, 『우동

한 그릇』, 『피터팬』 등의 잘 알려진 책들의 인용문을 싣고, 어린이들의 일상에 맞는 정서를 담아냈습니다. 행복, 사랑, 철학, 희망, 가족 이렇게 총 다섯 장으로 구성되어 있습니다.

책 내용 중 일부 발췌

<u>주는 사랑, 받는 사랑</u>

> 사랑하는 것은
> 사랑을 받느니보다 행복하나니라.
> 오늘도 나는 너에게 편지를 쓰나니
> 그리운 이여, 그러면 안녕
> 설령 이것이 이 세상 마지막 인사가 될지라도
> 사랑하였으므로 나는 진정 행복하였네라
>
> ─유치환의 시 「행복」 중에서(p. 64).

<u>용서하는 마음</u>

> 대체로 남을 용서해야 한다는 생각은 자주 갖는데,
> 내가 용서받아야 한다는 생각은

별로 갖고 있지 않습니다.

별로 잘못한 것이 없다고 자부하기 때문입니다.

자신이 용서받아야 할 필요를 많이 느끼는 사람이

남을 용서할 줄도 아는 사람입니다.

-김수환의 『참으로 사람답게 살기 위하여』 중에서(p. 106).

꾸물거리는 버릇

성공하지 못한 사람들의

한 가지 공통점은

꾸물거린다는 사실입니다.

누가 불러도 벌떡 일어나서 달려나오는 일이 없습니다.

망설이고 꾸물거리다 끝나는 거에요.

-정채봉의 『간장종지』 중에서(p. 162).

느낀 점

아름다운 글들이 저를 위로했습니다. 그리고 그 글들이 나를 반겼습니다. 세상에 정말 아름다운 글들이 참 많았습니다. 저도 이런 멋진 글로 사람들을 위로하고 싶어졌습니다. 이 아름다운 글을 써내는 분들과 함께할 수 있어서 행복했습니다.

서진석, 『좋은 아빠의 자격』 (북라이프)

책 소개

『좋은 아빠의 자격』은 아마추어 아빠에서 프로 아빠가 되는 길잡이이다. 아이와 공감하고 소통하는 좋은 아빠가 될 수 있는 길로 이끌어 주는 책입니다. 노력하고자 하는 한 아빠가 아이들과 함께 나눈 교감의 여정을 살펴보며 아이의 미래와 행복을 책임지는 좋은 아빠의 역할을 알아볼 수 있습니다.

저자는 아이가 태어나기 전부터 아빠로서, 남편으로서 그리고 가장으로서 겪어야 했던 고민과 노력을 솔직하게 이야기합니다. 자신의 경험을 바탕으로 해 아이와의 관계 형성에 있어 아이의 출생 후부터 초등학교 저학년까지의 시간은 어느 때보다 중요한 의미를 갖는다고 말하며 아빠들이 생활 속에서 구현할 수 있는 다양한 팁을 알려줍니다.

책 목차 중 일부 발췌

프롤로그_ 아빠의 자리 찾기

제1장 '아빠'는 그냥 되는 줄 알았다

아이를 원치 않았던 아빠

아빠, '세상의 중심'에서 내려오다

아빠는 출발 종소리를 늦게 듣는다

아빠가 '넘버3'일 수밖에 없는 이유

'아빠의 자리'를 찾아서

Tip_ 초보 아빠, 연령별 아이와 유대감 형성하는 방법

• • • • •

책 내용 중 일부 발췌

미국 심리학 교수인 에드워드 가이젤먼 교수는 거짓말을 하는 사람을 가려내는 십여 개의 가이드라인 연구결과를 지난해 발표한 바 있다. 여기에는 거짓말하는 사람들의 대답은 대체로 짧다는 등의 내용이 담겨져 있다. 또 다른 연구에서는 '나'라고 표현되는 주어가 없는 경향이 있다고 한다 (p. 176).

논어에도 '남이 나를 알아주지 않는다고 불평하지 말고, 내가 남을 알지 못함을 걱정하라'(p. 284).

미국 법학자 올리버 웬델 홈즈는 "우리의 현재 위치가 소중한 것이 아니라, 우리가 가고자 하는 방향이 소중한 것이다"라고 말한 바 있다(p. 289).

> 느낀 점

초보 아빠라면 꼭 추천하고 싶은 책입니다. 4명을 키우고 있는 나도 읽고 나면 배운 듯한 느낌의 책이었습니다. 형제님들에게 꼭 추천하고 싶습니다.

오은영, 『못 참는 아이 욱하는 부모』 코리아닷컴

> 책 소개

최근 자기감정을 조절하지 못해 벌어지는 사건 사고가 많아지고 있습니다. 어른들도 쉽게 제어하지 못해 각종 사회적 범죄가 일어나고 있는 현재, 아이들의 감정 조절 교육은 올바른 성장을 위해 반드시 필요한 일입니다. 『못 참는 아이 욱하는 부모』는 영유아 시기부터 감정 조절을 올바르게 배울 수 있도록 안내합니다. 부모의 감정 발달이 아이에게 이어질 수 있다는 점을 강조하며 부모들도 감정 조절법을 배우도록 이끕니다. 부모의 욱은 아이의 감정 발달을 방해하고, 부모 자녀의 관계를 망치며, 아이의 문제 해결 능력도 떨어뜨린다는 것입니다.

아이와 어떻게 소통하고 가르쳐야 하는지에 관해 저자는 솔루션과 지침, 생생한 사례와 수많은 임상 경험을 통해 상세히 소개합니다. 특히 부모가 욱하면 아이는 문제 행동을 그치는 것처럼 보이지만 그저 혼나지 않기 위해 견디고 있을 뿐이라는 점에도 주목합니다. 아이들이 보내는 '불편의 신호'를 놓치지 않고 세심하게 체크해야 하며, 어떤 상황에서도 사랑받고 있음을 알게 해 주는 것이 중요하다고 말합니다.

책 내용 중 일부 발췌

아이가 부모 말을 도무지 듣지 않을 때 부모들은 욱한다. 아이가 왜 말을 듣지 않는지, 아이를 어떻게 다뤄야 하는지를 알아보기에 앞서, 대한민국 부모들에게 질문을 하나 던지고 싶다.

왜 아이가 부모 말을 잘 들어야 한다고 생각하는가?

부모는 아이가 자신의 말을 잘 듣기를 원한다. 자신의 말대로 '바로' 행동하기를 바란다. 그것이 당연하다고 생각한다. 그렇지 않으면 문제라고 본다. 하지만 아이가 내 말을 잘 듣기 바라는 근본적인 이유는 나와 아이를 분리시키지 못하기 때문이다. 나와 아이가 다른 몸이고, 다른 마음을 가지고 있다는 것을 받아들이지 못하는 것이다. 배우자나 친구한테는 이토록 내 말을 잘 듣기를 강요하지는 않는다. 그들에게는 나와 마음이 잘 맞길, 내 마음을 알아주길, 나를 이해해 주길 바란다. 그런데 아이는 아니다. 내 지시, 내 명령을 무조건 당장 다르라고 한다. 그래서 아이가 내 말에 반하는 말이나 행동을 하면 기분이 나쁘다. 냉정하게 보면, 아이를 내 소유물로 생각하는 면도 있다. 사례에서 형철이 엄마가 아이에게 겉옷을 입히고 싶다면, 가만히 앉아서 아이를 두 세 번 부를 것이 아니라 직접 가면 된다.

왜 본인은 가만히 앉아 있으면서(아이 입장에서 보면) 뭔가 중요한 일을 하고 있는 사람을 오라 가라 하는가?

겉옷을 입지 않아 감기에 걸릴까 봐 걱정스러운 건 엄마의 마음이다. 아이는 그것을 알 수가 없다(p.77).

아이는 성인이 되기 전, 인간관계에서 부모가 아니더라도 어른이 나를 지도할 수 있다는 것을 배워야 한다. 이런 사회적인 서열을 자연스럽게 배우지 못하면, 부모 혹은 교사 등에게 대들게 된다.

아이는 왜 부모의 권위를 인정하지 않게 되었을까?

그 대표적인 이유는 두 가지다. 첫째는 부모가 지나치게 서열을 강조해서 매번 아이를 공격하거나 굴복시키려 드는 경우다. 둘째는 이 반대다 부모가 부모로서 전혀 지도력을 발휘하지 못하는 경우다 이런 집을 가만히 보면 아이가 부모보다 위거나 동급이다. 나는 부모들에게 아이에게 존댓말을 쓰지 말라고 한다. 일부 책에서 아이에게 존댓말을 쓰라고 조언하는 것은 아이를 존중하라는 것이지, 아이를 떠받들라는 의미가 아니다. 그런데 많은 부모들이 이 뜻을 잘못 이해하고 잘못 실행한다. 아이의 밑에서 하인처럼 아이에게 좌지우지되는 부모가 많다. 그러려면 존댓말은 안 쓰는 게 낫다. 부모는 아이와의 관계에서 기본적으로 유지해야 할 서열과 위치가 있다. 그것을 아이가 자연스럽게 받아들여야, 학교에 가서도 사회에 나가서도 서열이 높은 사람의 지도를 잘 받아들이고, 편안한 관계를 유지할 수 있다 (p. 139).

느낀 점

아이 교육에 있어서 참 좋은 모델이 될 수 있는 책입니다.

'어른이 된다는 것 부모가 된다는 것은 많은 경험을 하고 그것을 통해서 아이들에게 전해 주는 것은 아닐까?'라고 생각해 보았습니다. 부모는 자녀에게 자신의 경험을 같이 나누는 사람인 것 같습니다.

최성애, 『나와 우리 아이를 살리는 회복탄력성』 (해냄)

책 소개

『나와 우리 아이를 살리는 회복탄력성』은 교사와 부모들이 일상에서 스트레스를 조절하고 행복 에너지를 기를 수 있는 방법을 제시한 책입니다. 집과 학교에서 아이들을 돌보고 가르쳐야 하는 부모와 교사들은 스트레스가 쌓이면 아이들에게도 부정적인 영향을 끼칠 수 있습니다. 따라서 스트레스 상황에서 몸과 마음의 균형감 및 평정심을 유지하고 문제 상황에 유연하게 대처할 수 있는 회복탄력성의 중요성을 강조하고 있습니다.

심리치유 전문가인 저자는 회복탄력성을 다양한 치유 프로그램과 연계, 전파해 2014년 회복탄력성과 심장과학 분야의 세계적인 연구기관인 미국 하트매스 연구소의 마스터 트레이너로 선정되어 그동안의 연구 활동을 인정받기도 했습니다. 이 책에서는 하트매스 연구소와의 협약하에 다양한 환경에서 누적된 스트레스로 힘들어하는 모든 사람들이 자신의 회복탄성력을 향상시켜 보다 행복해 질수 있는 과학적인 방법을 흥미롭게 소개하고 있습니다.

1부에서는 회복탄력성의 특성과 스트레스에 대해 다루고, 2부에서는 자신의 감정을 알아차리고 에너지 유출을 차단 및 조율해 회복탄력성을 키우는 심장 호흡법, 장면 정지법 등을 알려줍니다. 3부는 관계가 회복탄력성에 미치는 영향에 대해 조명하고, 4부에서는 교사와 부모들이 아이들의 회복탄력성을 키워줄 수 있도록 연령별 특성과 문제에 맞는 방법들을 제시하고 있습니다.

책 내용 중 일부 발췌

세계적으로 유명한 사람들 중에 직관의 힘을 많이 활용한다고 공공연히 말하는 사람이 있습니다. 바로 미국 토크쇼의 여왕 오프라 윈프리입니다. 그녀가 한 말이 있습니다. "자기 마음과 직관을 따를 용기를 가져라" 또한 "직관은 거짓말을 하지 않는다. 직관은 우리를 속이지 않는다"는 말도 했습니다(p. 128).

알버트 아인슈타인도 직관의 힘을 강조했습니다. 그는 이런 말을 했습니다. "직관은 성스러운 선물이고 합리적 마음은 충직한 종이다. 우리는 종을 중요하게 생각하고 잊어버린 사회를 만들었다"(p. 128).

스티브 잡스는 이런 말을 했습니다. "너의 시간은 한정되어 있으니, 남의 삶을 사느라고 인생을 허비하지 마라." 다른 사람의 삶을 산다는 것은 다른 사람의 기대, 평가, 목표에 맞춰 사느라 애쓰는 것을 말합니다. "남들 의견의 소음이 자기 내면의 소리를 삼키게 하지 마라." 역시 스티브 잡스의 말입니다 직관은 대개 조용하다고 했습니다. 고요한 마음에서 떠오를 수 있는 영혼의 소리, 지혜의 소리를 다른 사람들의 이래라 저래라 하는 소리가 덮어버리게 하는 경우가 적지 않습니다. 스티브 잡스는 "용기를 갖고 자신의 심장과 통찰, 직관을 따를 수 있어야 한다. 심장과 통찰은 자신이 진정

원하는 것을 이미 알고 있다."라고도 말했습니다(p. 130).

직관을 키우는 방법은 무엇일까요? 이에 대한 하트매스 연구팀의 답은 '고대인의 지혜를 따르라'는 것입니다. 즉, 직관의 힘은 마음(heart)에 있으니 마음에 충실하라는 것입니다(p. 131).

느낀 점

왜 아이의 감정이 그토록 중요한가를 설명해 준 책입니다. 이 책은 제가 감정코칭이라는 과정을 듣기 전에 한 번 읽었고, 또 한 번은 감정코칭 교육을 받은 후에 읽었습니다. 두 가지 다 느낌이 달랐습니다. 책을 읽고 난 후의 가장 좋은 순간은 바로 교육을 받고 난 후였습니다. 여러분들에게도 자신있게 추천드립니다.

정창권, 『조선의 부부에게 사랑법을 묻다』 (푸른역사)

책 소개

최근 20대 커플의 평균 연애 기간은 100일 이내이며 2013년만 해도 33만 쌍이 결혼해서 무려 11만 쌍이 이혼했다고 합니다. 만남과 헤어짐이 너무 쉬운 요즘, 이 책 『조선의 부부에게 사랑법을 묻다』는 조선시대 사람들의 사랑, 특히 부부 이야기와 그들의 사랑법을 들어보며 오늘날 사람들의 사랑관에 대해 다시 한 번 생각해 보게 합니다. 조선시대 부부관계가 돈독했던 열 쌍의 사례와 다양한 일화를 토대로 이들과의 인터뷰를 시도해 재미있고 생생하게 부부의 이야기를 풀어 놓습니다.

조선시대 부부관계 하면 보통 아내가 남편하게 순종하는 모습이 자연스럽게 연상되곤 합니다. 그러나 관련 자료들을 들여다 보면 예를 중시하는 유교의 가르침에 따라 늘 서로를 배려하고 존중했던 조선시대의 부부는 '소통'을 매우 중시해 평소에도 끊임없이 시나 편지를 주고받았으며 의외로 자연스럽게 사랑을 표현하며 다정다감한 부부생활을 했음을 알 수 있습니다. 예상외로 성 문제에 있어서도 적극적이고 개방적인 모습을 보이는 조선시대 부부 10쌍의 모습은 지금 시대보다 제약은 있었겠지만 오늘날 부부들의 모습과 겹치는 부분이 적지 않습니다.
그렇다면 오늘날의 부부관계의 지향성을 조선시대에서 찾을 수 있지 않을까요?

책 목차 중 일부 발췌

과연 군자다운 남편이었다_이황 · 안동권씨

우린 친구 같은 부부였다_유희춘 · 송덕봉

영혼에게 보내는 두 통의 편지_이응태 · 원이 엄마

조선의 매 맞는 남자들

어찌 그리 허무하게 가시는고_이광사 · 문화유씨

지조 있는 남자_박지원 · 전주이씨

금슬 좋은 학자 부부_서유본 · 이빙허각

조선 선비의 눈물_심노숭 · 전주이씨

천생연분의 운명_하욱 · 김삼의당

아내는 나의 멘토였다_윤광연 · 강정일당

추사의 한글 편지_김정희 · 예안이씨

느낀 점

조선시대 부부의 사랑에 대한 이야기입니다. 이황부터 추사 김정희까지의 부부간의 사랑이야기를 담았습니다. 조선시대 사람들의 사랑이야기를 듣는 것이 쉽지 않아서 더 신선했습니다. 사람들은 예전이나 지금이나 똑같습니다. 단지 시간만 흘렀고 기계만 발전했습니다. 그러나 정신은 더 피폐해지고 있습니다. 이 같은 시점에서 우리는 무엇을 해야 하는지 고민해 봐야 합니다.

2017년 독서 목록

정채봉.『처음의 마음으로 돌아가라』. 샘터(156면).

정채봉.『스무살 어머니』. 샘터(267면).

정채봉.『내가슴속 램프』. 샘터(239면).

정채봉.『멀리가는 향기』. 샘터(229면).

정채봉.『참 맑고 좋은 생각』. 샘터(231면).

정채봉.『나는 너다』. 샘터(198면).

정채봉.『좋은 예감』. 샘터(231면).

정채봉.『그대 뒷모습』. 샘터(272면).

정채봉.『눈을 감고 보는 길』. 샘터(198면).

정채봉.『하늘새 이야기』. 현대문학어린이(190면).

류시화.『사랑하라 한번도 상처받지 않은 것처럼』. 오래된 미래(158면).

진형민.『꼴뚜기』. 창비(156면).

김중미.『괭이부리말 아이들 1』. 창비(158면).

김중미.『괭이부리말 아이들2』. 창비(164면).

헨리 나우엔·월터 개프니.『나이든다는 것』. 포이에마(184면).

키케로.『키케로의 노년에 대하여』. 소울메이트(152면).

키케로.『노년에 관하여 우정에 관하여』. 숲(237면).

이새롬.『새롬이와 함께 일기쓰기』. 보리(224면).

발타자르 그라시안.『세상을 보는 지혜』. 둥지(200면).

서경석.『역사를 바꾼 위대한 알갱이 씨앗』. 미래아이(188면).

데시데리위스 에라스뮈스.『우신예찬』. 지식을만드는지식(201면).

이해인. 『향기로 말을 거는 꽃처럼』. 샘터(288면).

이해인. 『꽃삽』. 샘터(352면).

정 민. 『책벌레와 메모광』. 문학동네(252면).

정호승 외. 『생애 최고의 날은 아직 살지 않은 날들』. 조화로운 삶(194면).

루키우스안나이우스 세네카. 『화에 대하여』. 사이(248면).

베르너 티키 퀴스텐마허 외. 『단순하게 살아라』. 김영사(298면).

루키우스안나이우스 세네카. 『인생이 왜 짧은가』. 숲(279면).

김미영 외. 『노년의 풍경』. 글항아리(352면).

안미란. 『씨앗을 지키는 사람들』. 창비(176면).

파울로 코엘료. 『연금술사』. 문학동네(278면).

김윤덕. 『마음 여행자에게 보내는 편지』. 주변인의길(237면).

이문영. 『강태공의 지혜』. 정민미디어(284면).

김우태. 『소소하게 독서중독』. 더블엔(330면).

김우태. 『나는 평생 일만하다 가고 싶지 않다』. 마음세상(304면).

김 훈. 『칼의 노래 1』. 생각의 나무(232면).

김 훈. 『칼의 노래 2』. 생각의 나무(228면).

알프레드 아들러. 『항상 나를 가로막는 나에게』. 카이오페아(256면).

조용갑. 『동양의 파바로티 조용갑의 희망 오페라』. ICG(296면).

이순신. 『이순신의 말』. 소울메이트(196면).

김재균. 『장수풍뎅이를 만나다』. 시와사람(145면).

유영만. 『유영만의 생각읽기』. 비전코리아(315면).

유영만. 『생각지도 못한 생각지도』. 위너스북(295면).

유영만. 『유영만의 청춘경영』. 새로운제안(272면).

이경민. 『기생은 어떻게 만들어졌는가?』. 아카이브북스(272면).

박웅현 외. 『생각수업』. 알키(316면).

정구선. 『조선의 발칙한 지식인을 만나다』. 애플북스(292면).

에릭 호퍼. 『에릭호퍼 길위의 철학자』. 이다미디어(192면).

스튜어트 에이버리 골드. 『핑! 열망하고 움켜잡고 유영하라!』. 웅진윙스(219면).

스티븐 C. 런딘. 『펄떡이는 물고기처럼』. 한언(147면).

권내현. 『노비에서 양반으로 그 머나먼 여정』. 역사비평사(204면).

서신혜. 『나라가 버린 사람들』. 문학동네(209면).

문승현. 『과학기술은 사람이다』. 아카넷(158면).

김 진. 『조선의 군도』. 프로젝트에이(285면).

김은경. 『정조 나무를 심다』. 북촌(280면).

장철형. 『대통령님 촬영하겠습니다』. 이상(260면).

정구선. 『조선의 출셋길 장원급제』. 팬덤북스(268면).

정명섭. 『조선의 엔터테이너』. 이데아(240면).

정구선. 『조선의 메멘토모리』. 애플북스(252면).

박제가. 『쉽게 읽는 북학의』. 돌베개(272면).

황광우. 『역사콘서트 1』. 생각정원(248면).

황광우. 『역사콘서트 2』. 생각정원(248면).

강명관. 『홍대용과 1766년』. 한국고전번역원(276면).

박철상. 『서재에 살다』. 문학동네(320면).

박웅현 외 1인. 『인문학으로 광고하다』. 알마(270면).

이주헌. 『지식의 미술관』. 아트북스(340면).

안세영.『이기는 심리의 기술 트릭 클린』. 한국경제신문(318면).

코이케 류노스케.『생각버리기 연습』. 21세기북스(244면).

법 정.『오두막 편지』. 이레(238면).

하우석.『기획 천재가 된 홍 대리』. 다산북스(280면).

루키우스 안나이우스 세네카.『인생이 왜 짧은가』. 숲(279면).

이경주.『세상을 바꾼 인권』. 다른(224면).

이노우에 히로유키.『생각만 하는 사람 생각을 실현하는 사람』. 북스넛(214면).

이노우에 히로유키.『40대 진짜 공부를 다시 시작할 것이다』. 위캔북스(220면).

이노우에 히로유키.『배움을 돈으로 바꾸는 기술』. 예문(264면).

이노우에 히로유키.『너무 애쓰지 말아요』. 샘터(208면).

이노우에 히로유키.『20대 해보고 싶은 건 후회 없이 다 해볼 것이다』. 위캔북스(208면).

이노우에 히로유키.『30대 성공을 버리고 진짜 꿈을 향해 나아갈 것이다』. 위캔북스(232면).

오쿠야마 키요유키.『꿈을 디자인하다』. 시그마북스(160면).

문보경 외 2인.『톡톡! 국민앱 카카오톡 이야기』. 머니플러스(256면).

최종일 · 김용섭.『집요한 상상』. 샘앤파커스(285면).

이나모리 가즈오.『이나모리 가즈오 일심일언』. 한국경제신문(204면).

이영석.『인생에 변명하지 마라』. 샘앤파커스(285면).

이영석.『총각네 이영석의 장사수업』. 다산라이프(328면).

김영한 · 이영석.『총각네 야채가게』. 샘앤파커스(200면).

신준형.『뒤러와 미켈란젤로 주변과 중심』. 사회평론(244면).
임지봉.『법과 인권이야기』. 책세상(196면).
김영숙.『현대 미술가들의 발칙한 저항』. 마로니에북스(216면).
이우환.『만남을 찾아서』. 학고재(252면).
강성모 외 13인.『국회로 간 KAIST』. 심북스(264면).
허버트 스펜서.『개인대국가』. 이책(252면).
백희성.『환상적 생각』. 한언(304면).
김용택.『어쩌면 별들이 너의 슬픔을 가져갈지도 몰라』. 예담(280면).
이상용.『사용자 경험 이야기』. 지앤선(292면).
스즈키 뎃페이 외 1인.『여행하는 채소가게』. 하루(208면).
한석희 외 2인.『인더스트리 4.0』. 페이퍼로드(192면).
캔 블랜차드 외 1인.『1분 경영』. 북21(176면).
안자이 히로유키.『세계 시장을 지배하는 작은 기업들은 어떤 생각을 할까』. 비즈니스북스(262면).
우에노 미츠오.『창업은 한 권의 노트로 시작하라』. 토드(240면).
고코로야 진오스케.『너무 노력하지 말아요』. 샘터(256면).
최환진 외 1인.『스타트업 똑똑하게 시작하라』. 지앤선(224면).
전승우.『혁신의 모든 것』. 학고재(272면).
로라 클라인.『린 스타트업 실전 UX』. 한빛미디어(268면).
최기영 외 2인.『한국의 스타트업 부자들』. 이콘(216면).
양진석.『홍대 앞에서 장사합니다』. 소소북스(232면).
MBN 대박의 비밀 제작팀.『대한민국 최고의 장사꾼들』. 토네이도(280면).
김유진.『장사는 전략이다』. 쌤앤파커스(376면).

정상우. 『고금소총』. 다문(287면).

에곤 해마이티스. 『왜 이 의자입니까? 디자이너가 말하는 디자인』. 디자인하우스(388면).

사이먼 사이넥. 『리더는 마지막에 먹는다』. 36.5(360면).

왕 우. 『삼국지 최후의 승자 사마의』. 한일미디어(296면).

박홍규. 『이반일리히 소박한 자율의 삶』. 텍스트(300면).

박종선. 『팀장 리더십 상식사전』. 길벗(344면).

정수복. 『책인시공』. 문학동네(300면).

정혜윤. 『삶을 바꾸는 책 읽기』. 민음사(251면).

다치바나 다카시 외. 『듣기의 힘 읽기의 힘』. 열대림(184면).

설민석. 『설민석의 조선왕조실록』. 세계사(504면).

시미즈 이쿠타로. 『교양인의 독서생활』. 기담문고(210면).

반칠환. 『책 세상을 훔치다』. 평단(238면).

마쓰오카 세이고. 『독서의 신』. 추수밭(272면).

데이비드 시버리. 『나는 뻔뻔하게 살기로 했다』. 홍익출판사(200면).

데이비드 시버리. 『살면서 놓치기 쉬운 마음가짐』. 나래북(207면).

데이비드 시버리. 『기회를 잡는 사람 기회를 놓치는 사람』. 백만문화사(240면).

박웅현. 『다시 책은 도끼다』. 북하우스(349면).

조셉 머피. 『잠자면서 성공한다』. 선영사(255면).

조셉 머피. 『머피의 100가지 성공 법칙』. 선영사(318면).

사이토 다카시. 『독서력』. 웅진지식하우스(208면).

샤를 단치. 『왜 책을 읽는가』. 이루(288면).

신승환.『당신의 인생에 집필을 더하라』. 위키미디어(254면).

송재환.『초등1학년 공부 책 읽기가 전부다』. 예담(264면).

안정희.『도서관에서 책과 연애하다』. 알마(220면).

김민영·황선애.『서평 글쓰기 특강』. 북바이북(252면).

미야자키 하야오.『책으로 가는 문』. 현암사(172면).

센다 타쿠야.『인생에서 가장 소중한 것은 서점에 있다』. 애이미팩토리(272면).

가토 슈이치.『가토 슈이치의 독서만능』. 사월의책(208면).

후지하라 가즈히로.『책을 읽는 사람만이 손에 넣는 것』. 비즈니스북스(272면).

김환영.『세상이 주목한 책과 저자』. 부키(312면).

정 민.『책 읽는 소리』. 마음산책(256면).

다치바나 다카시.『나는 이런 책을 읽어 왔다』. 청어람미디어(306면).

나나 상코비치.『혼자 책 읽는 시간』. 웅진지식하우스(296면).

하나님이 이끄시는 연애와 결혼
Dating and Marriage God's Way

2018년 2월 19일 초판 발행

지 은 이 | 김지수

편   집 | 정희연, 곽진수
디 자 인 | 김스안, 노수경
펴 낸 곳 | 사)기독교문서선교회
등   록 | 제16-25호(1980. 1. 18)
주   소 | 서울시 서초구 방배로 68
전   화 | 02) 586-8761~3(본사) 031) 942-8761(영업부)
팩   스 | 02) 523-0131(본사) 031) 942-8763(영업부)
홈페이지 | www.clcbook.com
이 메 일 | clckor@gmail.com
온 라 인 | 기업은행 073-000308-04-020, 국민은행 043-01-0379-646
            예금주: 사)기독교문서선교회

ISBN 978-89-341-1776-6 04230
ISBN 978-89-341-1775-9 (세트)

* 낙장·파본은 교환해 드립니다.

이 도서의 국립중앙도서관 출판시 도서목록(CIP)은 서지정보유통지원시스템 홈페이지(http://seoji.nl.go.kr)와 국가자료공동목록시스템(http://www.nl.go.kr/kolisnet)에서 이용하실 수 있습니다.
(CIP제어번호: CIP2018002976)